尼采：
在世纪的转折点上

周国平　著

云南人民出版社

果麦文化　出品

总序　今天，我们为什么要读尼采

在西方哲学家里，尼采是一个另类。在通常情况下，另类是不被人们接受的，事实上尼采也不被他的同时代人接受，生前只有一点小名气。但是，在他死后，西方文化界和哲学界越来越认识到他的伟大，他成了20世纪最走红的哲学家。我本人对尼采也情有独钟，觉得他这个人，从个性到思想到文字，都别具魅力，对我既有冲击力，又能引起深深的共鸣。

32年前，我第一次开尼采讲座，地点是北京大学办公楼礼堂，那次的经历终生难忘。近千个座位坐得满满的，我刚开始讲，突然停电了，讲台上点燃了一支蜡烛，讲台下一片漆黑，一片肃静，我觉得自己像是在布道。刚讲完，电修好了，突然灯火通明，全场一片欢呼。

那是1986年，也是在那一年，我出版了第一本专著《尼采：在世纪的转折点上》，一年内卖出了10万册，以及第一本译著《悲剧的诞生——尼采美学文选》，一年内卖出了15万册。那时候还没有营销、炒作之类的做法，出版社很谨慎地一点点印，卖完了再加印，这个数字算是很惊人的了。20世纪80年代，中国笼罩着一种氛围，我把它叫作精神浪漫，

I

尼采、弗洛伊德、萨特都是激动人心的名字，谈论他们成了一种时尚。你和女朋友约会，手里没有拿着一本尼采，女朋友会嫌你没文化。

30多年过去了，时代场景发生了巨大的变化。如果说我这一代学人已经从中青年步入了老年，那么，和人相比，时代好像老得更快。当年以思潮为时尚的精神浪漫，已经被以财富为时尚的物质浪漫取代，最有诗意的东西是金钱，绝对轮不上哲学。对于今天的青年来说，那个年代已经成为一个遥远的传说。

不过，我相信，无论在什么时代，青年都是天然的理想主义者，内心都燃烧着精神浪漫的渴望。我今天建议你们读尼采，是怀着一个70岁的青年的心愿，希望你们不做20岁、30岁、40岁的老人。尼采是属于青年人的，我说的青年，不只是指年龄，更是指品格。青年的特点，一是强健的生命，二是高贵的灵魂，尼采是这样的人，我祝愿你们也成为这样的人。

周国平

写于2019年2月

再刊于2024年6月

目 录

新版序   1

前　言   5

第一章　我的时代还没有到来   8

世纪末的漂泊者   10
新世纪的早生儿   18
误解和发现   23
他给西方哲学带来了战栗   29

第二章　在人生之画面前   36

哲学和人生   37
首先做一个真实的人   43
为思想而战   50
哲学家的命运   55

第三章　从酒神精神到强力意志   60

人生的辩护者   61

笑一切悲剧　　　　　　　　　　67
　　神圣的舞蹈和神圣的欢笑　　　　76
　　强力意志　　　　　　　　　　　81
　　永恒轮回和命运之爱　　　　　　88

第四章　人 - 自由 - 创造　　　95

　　人是一个试验　　　　　　　　　97
　　意愿使人自由　　　　　　　　105
　　评价就是创造　　　　　　　　115

第五章　"自我"的发现　　　121

　　迷失了的"自我"　　　　　　123
　　成为你自己　　　　　　　　　130
　　健康的自私　　　　　　　　　137

第六章　向理性挑战　　　145

　　科学的极限　　　　　　　　　148
　　"真正的世界"的寓言　　　　153
　　理性的原罪　　　　　　　　　157
　　挑开意识的帷幕　　　　　　　163
　　语词的化石　　　　　　　　　173

第七章　价值的翻转　　　　　　　　　177

上帝死了　　　　　　　　　　　179
超于善恶之外　　　　　　　　　185
忠实于大地　　　　　　　　　　196
主人道德和奴隶道德　　　　　　203

第八章　人的现状和前景　　　　　　215

伟大的爱和伟大的蔑视　　　　　216
现代文明的症结　　　　　　　　224
末人和超人　　　　　　　　　　231

第九章　诗人哲学家　　　　　　　　240

审美的人生　　　　　　　　　　242
艺术化的本体　　　　　　　　　248
诗意的思　　　　　　　　　　　256

跋：在尼采之后　　　　　　　　　　263

后记　　　　　　　　　　　　　　　268

本书献给不愿意根据名声和舆论
去评判一位重要思想家的人们

新版序

本书初版于 1986 年 7 月，由上海人民出版社出版。此后十余年的时间里，由于时势的原因被冻结，直到 1997 年 12 月得以重印。在那之后，大陆不同的出版社先后出过五个版本。海外的出版社，先后有台湾的两个版本和香港的一个版本。我没有统计发行的总数，大致在百万册上下吧。现在果麦的这个版本，是大陆出版的第七个版本。

本书是我独立写作和出版的第一本著作，可以算我的处女作。我写它时 40 岁，而今又是 40 年过去了，岁月飞逝，我竟已成为一个 80 岁的老人。人生不可能再有第三个 40 年，因此，把这个版本称作"纪念版"，应该说没有夸大的嫌疑。

虽然我写作本书时已 40 岁，可是，现在回想起来，那时候的我是多么年轻啊。1985 年的年初，我单身住在一间地下室里，吃最简单的食物，内心充满孤独感和激情，一会儿哭一会儿笑，不到两个月的时间里——日记记载：1 月 28 日动笔，3 月 25 日完成——一气写出了这部 18 万字的稿子。

20 世纪 80 年代，中国开启改革开放的伟大历程，整个华夏大地焕发出万物复苏的春天气息。我这个在广西大山里雪藏了十年的北大学子，也拜改革开放之赐，考上研究生回到北京，迎来了迟到的青春。当时的感觉是，浑身有使不完的劲，前程大有可为。正是在这样的氛围和心情中，我遇见了尼采。一开始，作为消遣，我读各种闲书，读到徐梵澄、楚图南在民国时期翻译的几种尼采著作，顿感一见如故。中译本实在太少，不能解渴，我就自学德语，决心读德文原著。说来令人难以置信，德文版《悲剧的诞生》是我自学德语的第一个教材，抱着一本德汉词典，一个句子一个句子啃。开始时读得极慢，一段时间下来，渐渐通畅了，我就尝试翻译。本书出版时，我已基本完成《悲剧的诞生——尼采美学文选》一书的翻译，计28万字，同年12月在北京三联书店出版。

然而，本书的出版费尽周折。虽然写作的缘由是人民出版社的年轻编辑方鸣向我约稿，但是，书稿的终审在社里未获通过。在我国1949年后的宣传和教学中，尼采哲学一直遭到全盘否定，被简单地归结为法西斯主义的思想先驱和反动的唯心主义唯意志论，该社当时的总编辑和负责审稿的编审坚持这个观点，而我的书给予尼采哲学以热情的肯定，因此被拒绝出版。此后，书稿辗转于北京的五家出版社，答复是一致的：书不错，但不敢出。整整一年后，上海人民出版社年轻编辑邵敏来北京组稿，自告奋勇把稿子带回上海碰运气。奇迹发生了：半个月三审通过，五个月出版发行。

书出版后，反响之热烈出乎我的意料，读者来信如雪片般飞来，一再被列在大学生最喜爱的书籍之榜首，在青年艺术家群体中也获得了众多的知音。之所以会有如此轰动的效果，据我自己分析，原因有三。其一，本书毕竟是第一部旗帜鲜明的著作，把一个面目狰狞的政治狂人，还原成了一个真诚思考人生问题的个性鲜明的哲学家，评价上的这种巨大逆转自然会给人以深刻印象。其二，本书的文字风格不同于一般学术著作，流畅而富于激情，因而能给人以新鲜感，也容易被普通读者接受。其三，最主要的是，我在书中借尼采之口谈了我自己的真实感受和思考。许多地方，简直分不清哪儿是尼采说的，哪儿是我说的。我一面阐发尼采哲学，一面让自己的生命体验如同找到突破口一样喷涌而出。当我对尼采发生巨大共鸣之时，实际上已把尼采在昨日欧洲思考的问题转换成了我自己的问题，而读者的巨大共鸣表明，它们也是今日中国许多人面临的问题，触及了转型时期普遍存在的人生困惑和精神危机。

现在重读这本书，我发现它的确像是一本青年之作，具有青年之作的一切优点和缺点。当时的我，刚涉猎尼采哲学，对于这位我要论述的哲学家，几乎是凭着直觉去把握的，还远未下系统研究的功夫。不过，我很庆幸自己在比较年轻的时候写了这本书，现在来写或许会有别的长处，但不可能有那样高涨的生命激情了。若要为本书寻找一个位置，我相信这位置与其说在学术史上，不如说在我们这一代人的心灵史上。

对于我自己来说，这本书的意义主要在于使我明确了我的哲学研究之方向。我一向关注人生问题，但是，在我生长于其中的那个体制里，长期以来，意识形态取代了一切思考，人生思考始终处在失语状态。与尼采相遇，我的最大收获之一是找回了人性的语言。我仿佛突然发现，我完全不必再用意识形态语言曲折地表达我的人生思考了。尼采是一面镜子，我从中看清了自己的性质，从此愉快地走上了属于我自己的哲学之路。

对于今天的青年，我期待本书会有一种交流的价值。和40年前相比，时代发生了巨大的变化，今天的世界充满了不确定性，你们所承受的生存压力和所面临的复杂选择远超我们当年。唯其如此，你们就更须具备强健的生命本能和超越的精神追求，而我相信，读了本书，你们会发现，尼采在这两方面能够给你们赋能。

周国平

2025年2月

前言

这里向你介绍一位你肯定久闻其名,但未必知其究竟的人物。

他是一个大学教授,一个诗人,一个哲学家,一个孤独的漂泊者。他杀死了上帝,但他不是传说中的那个恶魔。他是一个真实的人。

谁没有听说过尼采呢?可是,在听说过他的人中间,有多少人读过他的著作呢?如果你不想再根据由来已久的误解去判断他,请打开他的书吧。你是一个热爱人生、带着泪和笑感受和思索着人生的人吗?你将被他的同样的热情和真诚所感动。你是一个美的追求者和鉴赏者吗?你将陶醉于他的文字之精美和风格之奇特。你仅仅是一个冷静的研究者?好吧,如果你在他身上探溯现代西方种种思潮的源头,至少你不会完全白下功夫。

当弗洛伊德正在酝酿他的精神分析学的时候,他吃惊地发现,尼采早已道出了他的基本思想。雅斯贝尔斯、海德格尔和一切存在主义者都把尼采看作为他们开拓了道路的人。许多西方作家一接触尼采的作品,便终身成为尼采迷。而尼采的"重估一切价值"的号召，预示了西方社会价值观念根本变化的一个时代。不了解尼采，就不可能了解我们这个世纪的西方哲学思潮、文艺思潮和社会思潮。

尼采不是作为学者，而是作为一个活生生的人从事哲学活动的。他把他的个性完全融到他的哲学里了。他没有隐瞒什么，也没有编造什么。读他的书，你就好像看到了他这个人，优点和缺点一齐呈现在你面前，精华和糟粕同样耀眼醒目。他的见解或者精辟之至，或者荒谬绝伦。你有时会微笑，有时又会摇头。你不可能无动于衷，你也不可能赞同他的所有见解。一个马克思主义者会对他的学说进行科学的考察和批判，一个存在主义者也不会全盘接受他的思想。这个著名的偶像破坏者注定不会成为一个新的偶像，而他期待于后人的也只是爱和理解——他生前最渴望也最欠缺的两样东西。

本书把尼采当作一位人生哲学家看待。他最关心的是人生意义问题。由他所开创的从生命哲学到存在主义这个哲学流派并不试图为所有人制定一种普遍有效的人生立场，在它们看来，哲学的使命乃是投一光束于人的内心，促使每个人去发现他的真实"自我"，去独立地探寻他的生活意义。如果要说普遍性的原则，尼采只确定两点：第一要有健全的生命本能，第二要有超越的精神追求。本能和超越。生命哲学发挥了前者，存在主义发挥了后者。在人生这棵树上，尼采欣赏的是茁壮的根和美丽的花朵。他之所以厌恶现代文明，是因为现代文明使根萎缩，使花朵凋谢，本能和精神双重退化，人变得衰弱而平庸了。

愿你从本书中得以一窥尼采思想的真实风貌，当然也请你记住，这真相是透过作者眼睛折射的，也许会走样。我们只能希望有更多的尼采著作翻译出版或校订重版，使更多的人能够用自己的眼睛去观察这位独特的思想家。在此基础上，实事求是地研究尼采思想的工作就可以真正开展起来了。

第一章　我的时代还没有到来

> 看哪，在远处迎候我们的
> 是死亡、荣誉和幸福！
>
> ——尼采

大自然的星空，群星灿烂。那最早闪现的，未必是最亮的星宿。有的星宿孤独地燃烧着，熄灭了，很久很久以后，它的光才到达我们的眼睛。

文化和历史的星空何尝不是如此？

一颗敏感的心，太早太强烈地感受到了时代潜伏的病痛，发出了痛苦的呼喊。可是，在同时代人听来，却好似疯子的谵语。直到世纪转换，时代更替，潜伏的病痛露到面上，新一代人才从这疯子的谵语中听出了先知的启示。

一百年以前，这位当时默默无闻的德国哲学家，携带一把绿色的小伞、一个笔记本，漂泊于南欧的山巅海滨。他的文字，钟山水之灵秀，清新而隽永；他的思想，抒内心之焦渴，激烈而唐突。然而，世界几乎把他遗忘了。直到他生命的最后岁月，他才小有名气，但也不过是小有名气而已。

尼采在一首诗中写道："谁终将声震人间，必长久深自缄默；谁终将点燃闪电，必长久如云漂泊。"[1]

他对他身后的声誉是充满信心的：

"我的时代还没有到来，有的人死后方生。"[2]

"总有一天我会如愿以偿。这将是很远的一天，我不能亲眼看到了。那时候人们会打开我的书，我会有读者。我应该为他们写作。"[3]

20世纪的序幕刚刚揭开，尼采溘然长逝了。今天，当我们这个世纪也已经接近尾声的时候，倘若要探溯本世纪西方思潮的源头，我们发现确实不能撇开尼采。漂泊者早已倒下，他的影子却笼罩了整整一个时代。有人说，在19世纪的思想家中，若要举出两位对21世纪影响最大的人物，当推马克思和尼采。的确，他们都不是学院式的哲学家，他们的影响都远远超出学术界的小圈子，而震撼了整个西方社会意识。

---

[1] 诗稿。《尼采全集》，莱比锡，1894—1926年（*F. Nietzsche, Werke*, 19 Bände u. 1 Register Band, Leipzig），第8卷，第359页。该版全集俗称 *Grossoktav-Ausgabe*（大八开本），以下引此版本简称为 GA。

[2] 《看哪这人》。《校勘研究版尼采全集》，G. 科利、M. 蒙梯纳里编，慕尼黑，1999年（*F.Nietzsche. Sämtliche Werke. Kritische Studienausgabe*. Herausgegeben von Giorgio Colli und Mazzino Montinari. München），第6卷，第298页。以下引此版本简称为 KSA。

[3] 转引自伽列维：《尼采的生平》，俄文版，1911年，第273—274页。

人们对马克思已经谈论得很多，尽管不乏惊人的误解，现在，请允许我们稍稍结识一下尼采。

世纪末的漂泊者

人的命运真是不同。许多人终其一生，安居乐业，心安理得地接受环境和时运替他们安排的一切，悠然享其天年。可是，像尼采这样的人，有着一颗不安的灵魂，总是在苦苦地寻求着什么，精神上不断地爆发危机，在动荡中度过了短促的一生。

赫拉克利特说："一个人的性格就是他的命运。"真的，尼采的个性，注定了他的悲剧性的命运。

1844年10月15日，尼采生于德国东部吕采恩镇附近的勒肯村。他的祖父是一个写有神学著作的虔诚信徒，父亲和外祖父都是牧师。未满5岁时，父亲病逝，此后他便在母亲和姑母的抚育下度过了童年和少年时代。1865年，21岁的尼采，在波恩大学攻读了半年神学和古典语文学之后，断然决定放弃神学，专修古典语文学。对于一个牧师世家的子弟来说，这不啻是一个反叛的信号，后来他果然成了基督教的死敌——"反基督徒"。与此同时，这个曾经与同学们一起酗酒、浪游、殴斗的青年人，突然变得少年老成起来。他退出了学生团体，离群索居，整日神情恍惚，冥思苦想。

这是尼采生涯中发生的第一次精神危机。眼前的一切，这喧闹的大学生生活,刻板的课程,琐碎的日常事务,未来的学者生涯,霎时显得多么陌生啊。难道人生是一番消遣,或是一场按部就班的课堂考试吗?他心中酝酿着一种使命感,要为自己寻求更真实的人生。

1869年,尼采25岁,在李契尔的推荐下,到巴塞尔大学任古典语文学教授。李契尔是一位具有探索者性格和纯真热情的古典语文学学者,先后任教于波恩大学和莱比锡大学,对尼采极为欣赏,始终把他的这位高足带在身边。在推荐信里,他不无夸耀之情地写道:"39年来,我目睹了如此多的新秀,却还不曾看到一个年轻人像尼采这样,如此年纪轻轻就如此成熟……我预言,只要上天赐他长寿,他将在德国语文学界名列前茅。"他还把尼采称作"莱比锡青年语言学界的偶像",甚至说他是"奇迹"。尼采倒也不负所望,走马上任,发表题为《荷马和古典语文学》的就职演说,文质并茂,顿使新同事们叹服。

也许,这位前程无量的青年学者要安心治他的学问了?

并不!仅仅两年以后,尼采出版了他的处女作《悲剧的诞生》,这本以全新的眼光研究希腊悲剧起源的小册子,同时宣告了尼采自己的悲剧生涯的开始。它引起了轰动,既受到热烈的赞扬,也遭到激烈的攻击。在正统语文学界看来,一个语文学家不好好地去琢磨柏拉图古典语言的精妙,却用什么酒神精神批判苏格拉底和柏拉图,全然是荒诞不经。以青年学者维拉莫维茨为代表的正统语文学家们对尼采展开了激烈批评。尼采发现他的教室空了,不再有学生来听他的课。

尼采尝到了孤独的滋味。但是，他有他的"绝妙的慰藉"——叔本华的哲学和瓦格纳的音乐。

还在学生时代，尼采在一家旧书店里偶然地购得叔本华的《作为意志和表象的世界》一书，欣喜若狂，一口气读完了。后来他回忆说，当时他漫游在一个愿望的世界里，梦想找到一位真正的哲学家，能够把他从时代的缺陷中拯救出来，教他在思想和生活中重新变得单纯和诚实，也就是"不合时宜"。正当他怀着如此渴望的时候，他发现了叔本华。他觉得，叔本华就像是特地为他写了这部著作一样。

到巴塞尔任教以后，尼采结识了当时卜居罗采恩湖畔的瓦格纳。他经常去拜访这位浪漫主义音乐大师，在瓦格纳身边度过了他一生中最愉快的时光。

正是在叔本华和瓦格纳的影响下，尼采写出了那本得罪德国正统语文学界、断送自己学术前程的著作。

可是，尼采现在又要否定叔本华和瓦格纳了。他的灵魂注定不得安宁，不断地摒弃曾经推崇的一切，打碎一切偶像，终于面对空无所有的沙漠。他把自己逼到了沙漠里。

在回顾自己的人生历程时，尼采说，"通向智慧之路"有三个必经的阶段。第一阶段是"合群时期"，崇敬、顺从、仿效随便哪个比自己强的人。第二阶段是"沙漠时期"，束缚最牢固的时候，崇敬之心破碎了，自由的精神茁壮生长，一无牵挂，重估一切价值。第三阶段是"创造时期"，在否定的基础上重新进行肯定，然而这肯定不是出于我之上的某个权威，而仅仅是出于我自己,我就是命运,我手中抓着人类的阄。[1]

1876年,尼采生命中的"沙漠时期"开始了。他的精神又一次爆发危机,这次的危机如此深刻,以致他不像前两次那样,仅仅同学生团体决裂,仅仅受到德国语文学界的谴责,而是要被整个时代放逐了。

这一年,瓦格纳在德皇威廉一世的支持下,在拜洛伊特举办声势浩大的第一届音乐节。尼采原先把欧洲文化复兴的希望寄托在瓦格纳身上。可是,在拜洛伊特,目睹瓦格纳的"演戏天才"、富裕市民观众的庸俗捧场,尼采失望了。他悄悄离开节场,躲进一片森林,酝酿了一部含蓄批评瓦格纳的书。两年后,瓦格纳的最后一部歌剧《帕西法尔》的剧本寄到尼采手中,尼采的《人性的,太人性的》一书寄到瓦格纳手中,两人从此决裂。

这一年,尼采与他大学时代最亲密的朋友洛德之间也产生了隔阂,导致了后来的破裂。尼采与洛德,同为李契尔教授的高足,可是两人志趣迥异。洛德脱不开世俗之路,当学生时也有一番雄心,毕业后,逐渐满足于平稳的学者生涯和小家庭生活,终于不过是一个平庸之辈。尼采却始终保持着青年时代产生的使命感。灵魂不同,自然就没有了共同语言。

这一年,尼采向一位荷兰女子求婚而遭拒绝。后来他尽管一再试图为自己觅一配偶,均不成功,终于至死未婚。

也在这一年,尼采因健康恶化而停止了在大学授课,三

---

[1] 遗稿。参看GA,第13卷,第39—40页。

年后辞掉巴塞尔大学教授职务,永远退出了大学讲坛。

决裂,失恋,辞职,这些遭遇似乎偶然地凑到了一起,却显示了某种必然的命运。一个精神贫乏、缺乏独特个性的人,当然不会遭受精神上危机的折磨。可是,对于一个精神需求很高的人来说,危机,即供求关系的某种脱节,却是不可避免的。他太挑剔了,世上不乏友谊、爱和事业,但不是他要的那一种,他的精神仍然感到饥饿。这样的人,必须自己来为自己创造精神的食物。

尼采自己说:"当时我所做的抉择不只是与瓦格纳决裂——我觉得我的本性陷入了一种完全的迷乱,而其中的个别失误,不管涉及瓦格纳还是涉及巴塞尔的教职,仅是一个征兆。一种焦躁笼罩了我;我知道是刻不容缓反省自己的时候了。我感到惊恐,一下子看清楚自己浪费了多少时间——我以古典语文学家为我的全部生存,我的使命,这是多么无益,多么草率。我为这种错误的谦虚而羞愧……在过去十年里,我的精神营养彻底停止,我没有学到任何有用之事,我荒唐地为积满灰尘的学术破烂而丢掉许多东西。睁着近视眼小心翼翼地爬行在古代诗韵学家脚下——这就是我所做的事情!"[1]

1879年,尼采结束了十年教授生涯,从此开始了他的没有职业、没有家室、没有友伴的孤独的漂泊生涯。

这时候的尼采,35岁,已过而立之年,精神上成熟了。许多人的所谓成熟,不过是被习俗磨去了棱角,变得世故而

---

[1] 《看哪这人》。KSA,第6卷,第324—325页。

实际了。那不是成熟,而是精神的早衰和个性的夭亡。真正的成熟,应当是独特个性的形成,真实自我的发现,精神上的结果和丰收。"现在我敢于自己来追求智慧,自己来做哲学家;而过去我只是崇敬哲学家们。"[1] "现在我自己在各方面都努力寻求智慧,而过去我只是崇敬和爱慕智慧的人。"[2] 尼采不再是一个古典语文学学者,甚至也不再是一个哲学学者,他成长为一个真正的哲学家即一个独创的哲学家了,因为,倘若没有独立的创造,算什么哲学家呢?

雅斯贝尔斯说:"尼采一生的主要特色是他的脱出常规的生存。他没有现实生计,没有职业,没有生活圈子。他不结婚,不招门徒和弟子,在人世间不营建自己的事务领域。他离乡背井,到处流浪,似乎在寻找他一直未曾找到的什么。然而,这种脱出常规的生存本身就是本质的东西,是尼采全部哲学活动的方式。"[3]

事实上,尼采的主要著作,表达了他的基本思想的成熟作品,包括《朝霞》《快乐的科学》《查拉图斯特拉如是说》《善恶的彼岸》《道德的谱系》《偶像的黄昏》以及未完成的《强

1　尼采致胡克斯,1878年6月。转引自雅斯贝尔斯:《尼采导论》,柏林,1950年(K. Jaspers, *Nietzsche. Einführung in das Verständnis seines Philosophierens*, Berlin),第46页。

2　尼采致玛耶尔,1878年7月15日。转引自雅斯贝尔斯:《尼采导论》,第46页。

3　雅斯贝尔斯:《尼采导论》,第41页。

力意志》[1]，都是在脱出常规的漂泊生涯中写出的。

问题在于，尼采的思想受孕于欧洲文明濒临深刻危机的时代，他的敏感使他对这种危机征象有格外真切的感受，他的勇敢使他直言不讳，他的真诚又使他不肯言行不一，因而，这个反对一切传统价值的哲学家，必不可免地要过一种脱出常规的生活。他的哲学思考方式必然要影响到他的实际生活方式。他向传统的挑战必然导致他与世俗生活领域的抵触。他对这种情形是有清醒的认识的："我必须永远做一个殉道者，以度过彻底贷出了的一生。"[2] "当一个人要靠作品来批准自己的一生，他在根基上就变得极为苛求了。"[3] "我的境遇与我的生存方式之间的矛盾在于，作为一个哲学家，我必须摆脱职业、女人、孩子、祖国、信仰等等而获得自由，然而，只要我还是一个幸运地活着的生物，而不是一架纯粹的分析机器，我又感到缺乏这一切。"[4]

尼采并非一个生性孤僻的人，年复一年的孤独漂泊也并非一件浪漫的乐事。在难以忍受的孤寂中，尼采一次次发出

---

1 德语 Macht 一词，兼有力量、强力、权力等含义，为了防止只从政治涵义上理解该词，本书把 der Wille zur Macht 译为"强力意志"（求力量增强的意志）。

2 尼采致奥维贝克，1883年2月11日。转引自雅斯贝尔斯：《尼采导论》，第88页。

3 尼采致加斯特，1888年4月7日。转引自雅斯贝尔斯：《尼采导论》，第88页。

4 尼采致奥维贝克，1886年11月14日。转引自雅斯贝尔斯：《尼采导论》，第87页。

绝望的悲叹:"我期待一个人,我寻找一个人,我找到的始终是我自己,而我不再期待我自己了!""现在再没有人爱我了,我如何还能爱这生命!"[1]"向我传来的友好的声音如此之少。如今我孤单极了,不可思议地孤单……成年累月没有振奋人心的事,没有一丝人间气息,没有一丁点儿爱。"[2] 在给妹妹的信中,他情不自禁地谈到"那种突然疯狂的时刻,寂寞的人想要拥抱随便哪个人"![3]

友谊,尼采是多么渴望友谊啊。"你神圣的,友谊!我的最高希望的第一缕晨曦……"[4]

可是,这个害怕孤独、悲叹孤独的人,同时又向往孤独,需要孤独。因为"人与人之间的巨大差距迫使我孤独"[5];他感到,在人群中比独自一人更加孤独。[6] 他不肯降格以求,宁愿走到沙漠里与猛兽一起忍受焦渴,不愿与肮脏的赶骆驼人同坐在水槽边。[7] 他把孤独当作自己的家,并且说:"我需要孤独,也就是说,需要康复,回到我自己,呼吸自由、轻快、活泼的空气……我的整部《查拉图斯特拉》是一曲孤独之颂

---

1 遗稿。GA,第 12 卷,第 324 页。
2 尼采致希德里茨,1888 年 2 月 12 日。转引自雅斯贝尔斯:《尼采导论》,第 91 页。
3 尼采致福尔斯特-尼采,1886 年 7 月 8 日。转引自雅斯贝尔斯:《尼采导论》,第 84 页。
4 诗稿。GA,第 8 卷,第 345 页。
5 遗稿。GA,第 12 卷,第 325 页。
6 参看《查拉图斯特拉如是说》:《归家》。KSA,第 4 卷,第 232 页。
7 参看《查拉图斯特拉如是说》:《贱氓》。KSA,第 4 卷,第 124 页。

歌,或者,如果人们理解了我的意思的话,是一曲洁净之颂歌……"[1]

哪一个心灵正常的人,不需要来自同类的爱和理解呢?然而,哪一个真正独立的思想家,不曾体会过孤独的滋味呢?当尼采认清,孤独乃是真正的思想家的命运,他就甘于孤独,并且爱自己的命运了。在既自愿又被迫的孤独中,在无家可归的漂泊中,靠着微薄的教员退休金,尼采度过了他生命中最丰产的十年。倘若不是因为精神失常,这种孤独的漂泊生涯会延续到他生命的终结。可是,1889年以后,他的神志始终处于麻痹状态,只是在母亲和妹妹的护理下苟延无用的生命。他于1900年8月25日在魏玛去世,而他的生命在1889年实际上已经结束了。

新世纪的早生儿

尼采的命运,有时令人想起屈原。这位"众人皆醉,唯我独醒"的楚国大夫,当年被腐败的朝廷放逐,漂泊于潇湘之际,在世人眼中是个狂人和疯子。尼采,这位世纪末的漂泊者,又何尝不被世人视为狂人和疯子?

尼采也的确狂,狂妄得令人吃惊。他的自传,单是标题就够咄咄逼人的了:"我为何如此智慧""我为何如此聪明""我

---

[1] 《看哪这人》:《我为何如此智慧》8。KSA,第6卷,第276页。

为何写出如此卓越的著作""我为何便是命运"……他如此自信:"在我之前没有人知道正确的路,向上的路;只是从我开始,才有了给文化指路的希望和使命——我是这条路上的快乐的信使。"[1]他甚至断言,人类历史将因他而分成两个部分,他将取代耶稣成为纪元的依据。

尼采的病历表明,他的精神病起于器质性脑病。不过,他的发病方式颇有自大狂的意味。当时,他的熟人和朋友们突然收到了他的一批奇怪的信,署名自称"钉在十字架上的人"和"狄俄尼索斯"。当他的朋友奥维贝克赶到他的漂泊地去接他时,他又唱又舞,说自己是死去的上帝的继承人。

也许,他的自大是一种心理上的过激反应,因为世人对他的遗忘和误解,他就愈加要自我肯定?

疯人的狂言似乎不必理会。然而,狂言里有真知。尼采对于自己所扮演的历史角色是有清醒的领悟的。他说:"我辈天生的猜谜者,我们好像在山上等待,置身于今日与明日之间,紧张于今日与明日之间的矛盾里,我辈正在来临的世纪的头生子和早生儿,我们现在应该已经看见不久必将笼罩欧洲的阴影了……"[2] "我辈新人,无名者,难于被理解者,一种尚未被证实的未来的早生儿……"[3]一句话,他把自己视为新世纪的早生儿。孤独,遗忘,误解,责难,都从这种特殊的地

---

[1] 《看哪这人》:《偶像的黄昏或怎样用锤子从事哲学思考》2。KSA,第6卷,第355页。以下引此作品简称为《偶像的黄昏》。
[2] 《快乐的科学》343。KSA,第3卷,第574页。
[3] 《快乐的科学》382。KSA,第3卷,第635页。

位得到了解释。

尼采所预见的"必将笼罩欧洲的阴影",就是资本主义的精神危机。这一危机在19世纪已露端倪,在20世纪完全明朗化,特别是在经历了两次世界大战之后,为西方思想界广泛地谈论着。危机的实质是资产阶级传统价值观念的崩溃。资本主义有力地促进了自然科学的发展,与之相伴随,在哲学上便是经验主义和理性主义半分天下,占据绝对优势。无论是自然科学,还是经验主义或理性主义哲学,都从根本上动摇了欧洲人基督教信仰的基础。代之而起的是对于科学、理性和物质文明的迷信。接着,这种迷信也动摇了,人们发现,科学也有其局限性,单纯的物质繁荣只能造成虚假的幸福。欧洲人失去了过去借以生活的一切信仰,面对传统价值的荒凉废墟,苦闷彷徨,无所适从。

在19世纪,最早敏锐地感觉到这种危机并且试图寻找一条出路的人,来自左边的是马克思,来自右边的是克尔凯郭尔、陀思妥耶夫斯基和尼采。

马克思早在19世纪40年代就揭示了资本主义物质繁荣背后的人的异化现象,并且确认,其根源在于资本主义制度本身,在于资本主义的劳动分工和私有制。他从中引出了社会革命的结论。

克尔凯郭尔、陀思妥耶夫斯基和尼采试图寻找另一条路。他们诉诸人的内心生活领域,想依靠某种"精神革命"来解决普遍的精神危机。这三个人,出生在不同国家(分别为丹麦、俄国和德国),活动于不同领域(分别为宗教、文学和哲学),基本上不相与闻,各自独立地得出了某些共同的见解。他们的思想在精神实质上异常一致。尼采在1887年读到陀氏的《地下室手记》法译本,在此之前他还不知道有陀氏这个人,他描绘自己读此书时的感觉道:"一种血统本能直接呼叫出来,我的欣喜超乎寻常。"[1]他还读过《死屋手记》,赞叹陀氏是"深刻的人",并且说:"陀思妥耶夫斯基是我从之学到一点东西的唯一的心理学家,他属于我生命中最美好的幸运情形。"[2]1888年,尼采第一次听到克尔凯郭尔的名字,已经来不及有机会读他的任何著作了。在这三个人中,若论思想的丰富性和彻底性,还是要推尼采。

如果我们检视一下半个多世纪以来西方人文思想的文献,尼采的影响是一目了然的。凡是现代西方思想界所热衷谈论的课题,尼采都以最明确的方式提出来了。他为现代西方思潮提供了一个清晰可辨的起点。

这里,我们只是简要地提示一下尼采对于现代思潮的一般影响。

这种影响集中表现在以下四个方面:

第一,尼采首先从基督教信仰业已破产("上帝死了")的事实,引出了一切传统价值必将随之崩溃("一切价值的重估")的结论。他把欧洲人面临的价值真空指给全体欧洲人看

---

[1] 转引自W.考夫曼:《存在主义哲学》,台湾商务版,1982年,第57页。
[2] 《偶像的黄昏》:《一个不合时宜者的漫游》45。KSA,第6卷,第147页。

了。在他的时代，这种揭示或许被人看作危言耸听；可是，到了20世纪，人们愈来愈强烈地感觉到这种价值真空，愈来愈频繁地谈论起"现代人的无家可归状态"了。价值真空意味着人生失去了从前似乎明白而确定的意义，于是人的存在的荒谬性成了现代西方文学和哲学的一个主题。价值真空又意味着人生并无超验的约束，于是人的自由、人性的开放性和无限可能性也成了现代西方文学和哲学的一个主题。

第二，尼采由旧价值的崩溃进一步引出价值的相对性的结论，强调每个人必须独立地为自己创造价值，提倡个人至上，自我实现。尽管他没有使用"异化"的术语，但是他用自己的语言揭露了传统文明导致个性丧失、自我失落的事实。现代西方思想界纷纷谈论现代人的"无名无姓"，热衷于探讨"异化"问题，强调自我的重要性，部分地可以追溯到他。

第三，尼采是最早起来揭示科学理性的局限性的人之一，他也是第一个明确地揭示人的心理中的无意识领域并加以细致剖析的人。在这方面，在他之前尽管不乏先驱者，但都不及他论述得具体而透彻。遍及现代西方文化各领域的强大的非理性主义思潮，如现代派文学艺术、弗洛伊德精神分析学、现象学运动、存在主义哲学等，尼采实为开先河者。

第四，尼采也是现代西方哲学人学主义的创始人之一。他明确主张，哲学以探求人生意义为鹄的。他对人性的看法，以人的超越性为基调，富有现代特点。在他之前，尽管有费尔巴哈首倡哲学人学，但费尔巴哈对人性的看法基本上落入传统范围，不足以代表现代的开端。

尼采的若干具体论点，包括强力意志、超人、永恒轮回这样的主要论点，对于现代西方思想界的影响不甚显著，它们只有局部性的影响。尼采的真正意义在于，他首先揭示了现代西方人的基本境遇，提出并且严肃思考了激动着现代西方人心灵的重大问题。有人说，尼采所谈的问题是人人都能领会的，特别是现代世界中那些迷失方向的人都能领会的。尼采哲学所表达的正是现代西方人在传统价值崩溃时代的迷途的痛苦和寻求的渴望，也许这就是尼采哲学的生命力之所在。

误解和发现

盖棺论定也许适用于二三流的思想家，可是对于天才并不适用。天才犹如自然，本身包含着巨大的丰富性和矛盾性，为世世代代的争论留下了广阔的余地。有哪一个独创性的思想家，不是在生前死后戏剧性地经历着被误解、被"发现"、又被误解、又被重新"发现"的过程呢？

尼采生前遭到的更多是冷遇。这位以著述为生命的思想家，不得不一再自费出版他的著作，并且只售出极其可怜的数目。他的别具一格的著作《查拉图斯特拉如是说》，在今天几乎是尽人皆知的了，可是在当时却差不多无人置理。尼采悲叹道："在从心灵深处发出如此呼喊之后，竟然听不到回音,这真是可怕的经历……这把我从活人的土地上拔了起来。"[1] "对于我的《查拉图斯特拉如是说》,我的朋友除了从中看到不能允许的、幸亏是全然无所谓的狂妄,有谁看到了更多的东西呢?……十年了,我的名字被埋葬在一种荒诞的沉默里,在德国没有人觉得有责任在这沉默前替我的名字辩护。"[2] 尼采渴望被人发现,可直到1887年,"使我异常痛苦的是,在这15年里,仍然没有一个人'发现'我,需要我,爱我"[3]。

1888年春天,当尼采濒临精神崩溃的边缘之时,他终于被世界"发现"了。丹麦文学史家勃兰兑斯在哥本哈根首次讲演尼采哲学,接着又撰文预言尼采在知识分子中将享有盛誉。他称尼采是一位"文化哲学家",赞扬他恢复了"对于自由人的公正态度"。此后,法国艺术哲学家泰纳也"发现"了尼采,赞美他的"勇敢和优雅"。使尼采感到欣慰的是,在俄国、奥地利、瑞典、丹麦、法国、美国,都有人读他的著作、谈论他的思想了。

尼采的某些主要论点,如超人说,在他生前即已遭到误解,以致他不得不一再加以辨正。他还预感到身后会被误解,因而在他精神失常的前夕,他认为有义务替自己作传,如此

---

1 遗稿。GA,第14卷,第305页。
2 《看哪这人》:《瓦格纳事件》4。KSA,第6卷,第363页。
3 尼采致奥维贝克的信。转引自雅斯贝尔斯:《尼采导论》,第89页。

宣告:"听哪!我是某某人。千万不要把我错认了!"[1]尼采珍惜身后的名誉,至于在世时遭到误解,在他看来倒是不可避免的命运。"我们可曾为我们的被误解、误认、混淆、诽谤、误听和置若罔闻而抱怨过?这正是我们的命运。还要延续多久呵,我们姑且谦虚点说,到1901年吧。这也正是我们的优异,倘若我们希望另一种样子,我们未免太缺乏自尊了。"[2]在他看来,伟大的思想家正是凭借被误解的程度而成其伟大的。

说来真是一种讽刺,在20世纪,尼采之名声大振正是缘于最惊人的误解。只要提起尼采,谁不知道他是一个"法西斯主义思想家"呢?

事出有因。希特勒常常到魏玛去参观尼采博物馆,并且让记者拍摄他出神地瞻仰尼采胸像的镜头,大事张扬他对尼采的尊敬。他还把《尼采全集》当作贺礼赠给墨索里尼。纳粹文人乐此不疲地颂扬尼采,一时间尼采俨然成了第三帝国的直接思想先驱。

然而,现已查明,尼采的妹妹在把尼采思想法西斯化上起了重要作用。尼采死后,他的这位嫁与一个反犹太主义者的妹妹,垄断了尼采著作的版权和全部遗稿。她在编辑、出版最早一版《尼采全集》时,对遗著部分做了篡改,试图把

---

[1] 《看哪这人》序。KSA,第6卷,第257页。
[2] 《快乐的科学》371。KSA,第3卷,第622页。

尼采装扮成反犹太主义者。[1] 无论如何，单凭尼采思想被纳粹利用这个事实，把尼采判为法西斯主义的"预言家"[2]，是根据不足的。纳粹不是同样也利用了费希特、黑格尔、歌德、荷尔德林等人的思想吗？

德国种族主义和反犹太主义是法西斯主义理论的两块基石。那么，且让我们来看看尼采在这两个问题上的看法吧。

尼采从事哲学活动的年代，正值德国刚刚统一，第二帝国成立伊始，铁血宰相俾斯麦执掌帝国实权（1871—1890），推行对外扩张、称霸欧洲的政策。德国民族沙文主义狂潮甚嚣尘上，当时的德国国歌唱道："德国，德国高于一切……"那么，尼采卷进了这股狂潮没有呢？非但没有，而且他以最鲜明的态度反对了这股狂潮。

尼采写道："……我们久已不够是'德国的'了，就'德国的'这词当今所流行的和被赋予的意义而言；我们不向民族主义和种族仇恨说这词，不能喜欢民族的心灵生疮，血液中毒，而眼下欧洲各民族正因之而如同防止瘟疫一样彼此隔离和封锁。于此我们是太无成见、太恶毒、太任性了，也太明事理、太多阅历了。我们宁肯隐居山林，袖手旁观，'不合

---

[1] 参看施莱希塔：《尼采事件》，慕尼黑，1959 年（Schleichta, *Der Fall Nietzsche*, München）；蒙梯纳里：《尼采研究》，柏林/纽约，1982 年（M. Montinari. *Nietzsche Lesen*. Berlin / New York）。

[2] 参看勃伦蒂涅尔：《尼采哲学与法西斯主义》，上海潮锋出版社，1947 年。

时宜'，神游于已往或将来的世纪，借此我们才能平息内心的愤怒，这愤怒起于我们意识到我们被判定为一种政治的目击者，这种政治使德国的精神荒芜，又使它自命不凡，并且是一种渺小的政治……我辈无家可归者，我们按种族和血缘来说，比起'现代人'来，是过于多样且混杂了，所以很少被诱惑去参与骗人的种族自炫和骚乱，在今日德国这成了德国信念的标志，而且在这'历史意识'的民族身上令人觉得加倍虚伪和不正派。"[1]

针对俾斯麦的尚武备战政策，尼采还写道："获取权力要付出昂贵的代价，权力使人愚蠢……德国人，一度被称作思索的民族，如今他们还思索吗？德国人现在厌倦精神，德国人现在猜疑精神，政治吞噬了对于真正精神事物的任何严肃态度。'德国，德国高于一切'，我担心，这已是德国哲学的末日……"在国外，有人问尼采："德国有哲学家吗？德国有诗人吗？德国有好书吗？"尼采感到脸红，然后鼓足勇气回答："有的，俾斯麦！"[2]

直到他神志清醒的最后时日，在他最后的文字之一即他的自传中，他仍不改初衷，一如既往地抨击德国民族沙文主义及其反犹太主义。他说："我尤其要攻击德意志民族，它在精神事物上变得越来越迟钝，本能越来越乏弱，越来越'正

---

[1] 《快乐的科学》377。KSA，第3卷，第630页。
[2] 《偶像的黄昏》：《德国人缺少什么》1。KSA，第6卷，第103—104页。

派',它以令人嫉妒的胃口同时吞下了相反的东西:'信仰'和科学,'基督教的博爱'和反犹太主义,求权力(求'帝国')的意志和谦卑的福音……"他指责德国学者成了"政治的傀儡",嘲笑"我是德国人"成了一种论据,"德国高于一切"成了一种原理,断言德国人的良心上积累了"近四百年来对文化所犯下的所有重大罪行"。他自称是"卓越的德国之蔑视者"。[1] 他一再表示,他在德国遭到最多的误解。类似的议论真是俯拾皆是。

尼采对于两千年来歧视犹太人的做法深为不满,并且对于犹太人的素质有高度的评价。[2] 他绝非一个反犹太主义者。

用不着多加说明,就可以看出,把这位第二帝国时期德国民族沙文主义的坚决反对者歪曲成第三帝国德国种族主义的奠基人,有多么荒唐。顺便说说,以上引文也清楚地表明,把尼采的强力意志说解释为鼓励人们攫取政治权力,至少是一种误解。尼采恰恰是反对一味获取和扩张政治权力的。尼采之厌恶第二帝国的政治,正是厌恶政治权力欲的恶性膨胀和民族沙文主义的甚嚣尘上(这二者在这里是一回事),在他看来,这样的政治恰恰扼杀了文化。他的着眼点是文化。为文化计,尼采主张统一欧洲民族,并且自称是"好的欧洲人""欧洲的继承者"。

1 　《看哪这人》:《瓦格纳事件》1、2、4。KSA,第6卷,第357—358、359、362页。
2 　参看《朝霞》205。

毋庸讳言，在尼采的著作中，确有大量言论可供种族主义者利用。尼采喜欢用譬喻写作，在有些场合，他使用"种族"一类词来喻指人的一定类型，我们不可望文生义。但是，在另一些场合，他又确实表现出对贵族血统的崇拜心理，甚至十分可笑地炫耀自己的波兰贵族血统[1]，据后人考证，这种炫耀其实并无根据。他还主张优生学，要求把婚配唯一地当作改良种族的手段。尼采思想中的糟粕集中地体现在这种浓烈的贵族主义倾向上，是我们必须加以批判和剔除的。

纳粹利用了尼采思想中的某些糟粕，更多的则是曲解了尼采的基本思想如强力意志说的原意，把他打扮成法西斯主义的先驱。第二次世界大战后不久，西方思想界已经开始澄清因纳粹的滥用而造成的对尼采的误解。徘徊于大战废墟中的西方人，又一次"发现"了尼采。应该承认，这个被重新发现的尼采，更加符合他的真实面貌，抓住了他的更本质的特征。

他给西方哲学带来了战栗

波德莱尔的诗集《恶之花》出版之际，雨果有一句名言，说这部诗集给法国文学带来了"新的战栗"。雅斯贝尔斯用类

---

[1] 参看《看哪这人》：《我为何如此智慧》3。KSA，第6卷，第268页。

似的语言形容尼采和克尔凯郭尔对于现代西方哲学的影响，说"他们给西方哲学带来了战栗"[1]。波德莱尔出生和活动的年代，比尼采早20年左右，这两个人，在西方文化史上的地位的确十分相近。如果说波德莱尔是西方现代派文学的先驱，那么，尼采就是现代西方哲学的先驱。

当然，尼采的出现并非历史的偶然。他的富有现代特色的非理性主义哲学观点，在德国古典哲学中即可发现其思想渊源。康德在《实践理性批判》中提出意志为自身立法即意志自由的公式，已经为唯意志论哲学提供了一个起点。费希特把康德的意志自由论加以彻底发挥，认为意志是自我所创造的世界因果链条的首要环节，自我凭借意志创造非我、限制非我并且最终扬弃非我，回到"绝对自我"。不过，在费希特那里，意志即是目的观念，尚具理性性质，意志的支配作用只是思维能动性的表现。谢林进一步强调："归根到底，除了意志之外不存在别的本质。意志是原初的存在。"[2] 他的哲学已经富有非理性主义色彩，断然否认凭借理性思维可以把握世界本体，把直观，首先是审美直观看作认识绝对的唯一途径，对于尼采有着重要影响。叔本华的哲学构成了从德国古典理性主义向现代非理性主义过渡的最后一个环节。他取消

1　雅斯贝尔斯：《理性与存在》。转引自考夫曼：《存在主义哲学》，第199页。

2　谢林：《论人的自由的本质》。转引自海德格尔：《尼采》，第1卷，伦敦，1981年（M. Heidegger, *Nietzsche*, Volume1, London），第34页。

康德的"自在之物",代之以意志,把世界归结为生命意志的客体化,进而把生命意志归结为无目的的冲动和挣扎。这样,意志与目的脱离干系,完全失却了理性性质。但是,叔本华的非理性主义仍然不彻底,因为他在美学领域里保留了理性主义色彩甚浓的康德的"无利害关系"说和柏拉图的"理念"说,在伦理学领域里对意志持否定立场。所以,他也仍然属于一种过渡。只是到了尼采,非理性主义贯穿到哲学的一切领域,这个过渡才算完成。

在尼采的时代,他的哲学也并非一个孤立的现象。仅在德国,倡导"无意识哲学"的哈特曼,新康德主义弗莱堡学派的代表人物文德尔班,都是与他年龄相仿的同时代人,他们的学说都具有明显的非理性主义倾向。尼采曾经向他的学生推荐过施蒂纳的著作,他本人可能也受过施蒂纳的影响。

但是,给西方哲学带来战栗的是尼采。尼采哲学更少学究气,更加明快地触及了人生和时代的种种根本问题。尼采哲学也包含着更加广阔的可能性,从而为生命哲学、实证主义、实用主义、现象学、存在主义、弗洛伊德主义、历史哲学等现代西方主要哲学流派提供了思想起点或重要启发。

尼采哲学在现代西方的复兴,首先是同存在主义哲学的兴起联系在一起的。现在,无论是存在主义哲学家自己,还是研究存在主义哲学的专家,都公认尼采是存在主义的直接先驱,或者干脆就把他看作一个早期存在主义者。美国哲学家考夫曼指出："在存在主义的演进过程中，尼采占据着中心位置：如果没有尼采，雅斯贝尔斯、海德格尔和萨特是不可思议的。"[1] 事实正是如此。

雅斯贝尔斯于1936年出版《尼采导论》一书，于1952年出版《尼采和基督教》一书，系统阐述尼采哲学。他称尼采和克尔凯郭尔是"我们这时代具有卓见的哲学家"，唯有他们看清了时代的变化。又称尼采是人类精神最深入的探索者之一，是富于创造精神的"哲学家导师"。雅斯贝尔斯之研究尼采，并非出于学理上的兴趣，他自己承认，他的《尼采导论》一书是"对于导致存在哲学诞生的思想背景的探索"。在他看来，正是尼采的"一切价值的重估"的公式，为存在主义扫清了道路，尼采的方法使我们脱离每一个固定有限的立场，使我们的思想相继涌起。

海德格尔于1936年到1940年在弗莱堡大学讲述尼采哲学，同时和稍晚一段时期内又完成了一些关于尼采的讲演和论文，于1961年结集出版了两卷集巨著《尼采》一书。他认为，尼采是一切时代最伟大的哲学家之一，而且是西方最后一位伟大的形而上学家。针对德国哲学界否认尼采是一个严格的思想家的流行见解，他强调，尽管尼采"不属于只思考抽象的、虚幻的、远离生命的事物的哲学家之列"，但是"尼采的思想是在哲学古老的主导问题即'什么是存在'的广阔

---

[1] 考夫曼：《存在主义哲学》，第16页。

范围内进行的"。[1]

法国存在主义哲学家萨特、加缪也都推崇尼采，对他有所论述。

在现代西方哲学流派中，存在主义无疑是对于思想和文化影响最大的流派之一。造成存在主义在两次大战之间和之后风行西方的缘由，即信仰危机和价值真空，早已潜伏于19世纪后期，并成为尼采思想形成的契机。存在主义哲学所关心的问题，如存在的意义和无意义，自我的失落和寻求，内心生活的充实和空虚，使千百万现代西方人为之苦恼和激动的，正是由尼采首先敏锐地感受到并且提出来。因此，尼采哲学伴随着存在主义的兴起而复兴这一事实，最雄辩地证明了它的现代意义。

对于现代西方思想和文化具有巨大影响的另一流派是弗洛伊德的精神分析学。弗洛伊德主义尽管就其本义来说不是一种哲学，而属于心理学范围，但是它已经如此深刻地渗透到现代哲学之中，因而不能不视为现代西方哲学思潮的一个有机组成部分了。弗洛伊德对于尼采极为赞佩，据他的传记作者琼斯记载，他常常说尼采"比其他任何活过或者似乎活过的人更能深刻地认识自己"。[2] 弗洛伊德自己在自传中也谈到，尼采是一位"其猜测、直觉不期然与精神分析学的许多千锤百炼的发现相同的哲学家"，为了独立地完成自己的学

1　海德格尔:《尼采》，第1卷，伦敦，第4—5页。
2　转引自考夫曼:《存在主义哲学》，第14页。

说，他逼迫自己在相当长的时间内不去读尼采的著作。[1]事实上，尼采对于深层心理的开掘，确实预示了精神分析学的建立。精神分析学家阿德勒和荣格，还在相近的意义上采用尼采的强力意志概念，以表示心理复合体的一个要素。

只要我们想一想存在主义哲学和精神分析心理学对于现代西方文化包括现代派文学艺术的强大影响，我们就可以明白，尼采的影响绝不限于哲学领域。何况作为一个"诗人哲学家"，尼采还直接影响了许多现代作家，为此可以开出一长串名单：茨威格、托马斯·曼、萧伯纳、黑塞、里尔克、纪德、霍普曼、马尔罗、杰克·伦敦、鲁迅……

在历史哲学领域里，尼采给了斯宾格勒以重大影响。斯宾格勒称尼采是"能把当代全部有决定意义的问题抓在手里"的唯一哲学家，他说："在尼采首先写出'重估一切价值'这句话以后，我们生活其中的这个世纪的精神运动才最后找到了自己的公式。"他自己承认，尼采给了他质疑的能力，他的历史哲学是"把尼采的展望变成了一种概观"。[2]斯宾格勒的基本思想，即文化循环论，是有尼采的永恒轮回说和关于现实是一有机体的思想作为其准备的。

直接受到尼采影响的现代哲学家还有法伊欣格尔、齐美尔、狄尔泰、克拉盖斯、马克斯·舍勒等人。还有人把尼采尊为心理社会学的始祖。

1　《弗洛伊德传》，台湾志文出版社，1980年，第68页。
2　斯宾格勒：《西方的没落》，商务印书馆，1963年，第6页。

由此可见,哪怕为了弄清现代西方思潮的来龙去脉,也绝不能忽视对尼采的研究。当然,尼采影响之大并不意味着这种影响全然是积极的。罗素在谈到尼采的影响时说:"假如他的思想只是一种疾病的症候,这疾病在现代世界里一定流行得很。"[1] 这是资产阶级营垒中心理比较健康的一位思想家的看法,可供我们参考。

---

[1] 罗素:《西方哲学史》下卷,商务印书馆,1982年,第319页。

第二章　在人生之画面前

> 忧郁的心呵，你为何不肯安息，
> 是什么刺得你双脚流血地奔逃……
> 你究竟期待着什么？
>
> ——尼采

在人类所有的学科中，没有比哲学的命运更奇特的了。这门最古老的学科，两千多年来，竟然在自身的对象是什么这个绪论性质的问题上，至今众说纷纭，不能定论。有趣的是，这丝毫无损于哲学的生存，假如别的学科总是纠缠于自己的对象问题，恐怕早就要夭折了。

这样的命运几乎是哲学的本性之必然。哲学不是"对智慧的爱"吗？爱的火焰在哪里燃烧，智慧的光芒就在哪里照耀。在一切时代，在一切哲学家那里，哲学都被视为对人类最高问题的透彻思考。可是，在不同时代，对于不同的哲学家，何种问题堪称最高，理解又是多么不同。每一个时代都有自己的病痛和苦恼，每一位哲学家都有自己的追求和渴望。当然，不管理解如何不同，人类始终为某些重大的根本性问题激动着，所以欲对之做透彻思考的哲学也始终存在着，并将永远存在下去。

一个哲学家对于哲学对象和使命的看法，往往同他对于人生价值的追求纠结在一起，其中渗透着他的个性。如果这位哲学家的个性与时代精神有很高程度的一致，他的看法就同时体现着时代精神。在重大转折的时代，几乎总有敏感的哲学家提出新的哲学观，试图改变哲学研究的方向，对后来的哲学思潮产生深远的影响。

把尼采推上哲学家之路的并非单纯的学术兴趣，而是对于人生意义的苦苦寻求。哲学不是他的职业，不是他的业余爱好，而是他的整个生命。他的不肯安息的心灵，被人生之谜折磨着、驱策着，永远找不到归宿。是的，连哲学也不是归宿，而只是这颗心灵探索和漂流的永无休止的过程本身。对于这样一位哲学家来说，哲学与人生不可须臾分离，探求人生意义成了哲学唯一的使命。尼采个性中对于人生追求之真诚，与资本主义世界普遍价值危机的时代背景结合起来，使尼采成了20世纪西方哲学中人学主义潮流的一位开启者。

哲学和人生

回顾西方哲学史，我们可以发现，哲学思考的重心经历了由本体论到认识论的转移。泰勒斯以世界的始基是水的命题开始了最早的哲学探讨，从而富有象征意味地揭开了人类哲学思考中的本体论阶段。在古希腊，早期哲学家们关心的主要问题是世界的本质究竟是什么，试图寻找世界的"多"中之"一"，变中之不变。一些人归结为质料（水、气、火、种子、原子），另一些人归结为形式（数、存在、理念）。到了近代，自从培根把解决认识"工具"问题当作自己的中心任务以后，哲学思考的重心开始向认识论转移。英国经验论者与大陆唯理论者争论的主要问题是知识的来源问题。康德第一个自觉地把认识能力本身当作哲学研究的对象，确定哲学的使命是"叫我们看清楚我们理性的本性"，使"理性对它自身的认识"变成"真正的科学"。可以把近代西方哲学看作哲学史上的认识论阶段。

那么，哲学思考重心的转移是否就到此为止了呢？显然不是。

如果说，在近代，人们发现，要探明世界的本质不能光靠哲学的沉思，而必须依靠各门科学的共同努力，哲学则应当通过对认识过程、认识方法、认识能力的研究为科学提供某种指导，那么，在现代，人们进一步发现，如果对于人自身的本质缺乏了解，就不可能阐明人类认识的本性。何况人并非一团思维，人生在世不仅仅是为了认识外部世界，人的自我价值和情感生活也是不应忽视的。

也许人们对哲学中是否正在进行着一场人学变革还有争议，但是，对于人的问题的世界范围的哲学兴趣却已经是一个确凿的事实。当我们探溯这一潮流的源头时，我们又遇到了马克思和尼采。

在 19 世纪,最早提出哲学人学思想的哲学家是费尔巴哈。凡是读过费尔巴哈著作的人,都会被其中洋溢着的美好的人情味所感动。这位哲学家热爱人,热爱自然,痛恨宗教和思辨哲学,终身为论证人的价值和尘世幸福而热情地著书立说。在他看来,哲学应当把心情的对象即最能激起人的情感的事物当作自己的对象,而人就是这样的对象。他明确地宣布:"新哲学将人连同作为人的基础的自然当作哲学唯一的、普遍的、最高的对象,因而也将人学连同自然学当作普遍的科学。"[1] 可是,费尔巴哈毕竟不能突破旧哲学的眼界,作为一个素朴的感觉论者,他既不能像马克思那样向外深入到人的社会生活中,也不能像尼采那样向内深入到人的心灵生活中,而是基本上停留在人的感官生活的水平上。所以,在思辨哲学向现代人学哲学的转变中,他只能起一种过渡的作用。

马克思批判了费尔巴哈对于人的直观的抽象的理解,继承了他的哲学人学的思想,建立了历史唯物主义的人学理论。在马克思看来,"现实的历史的人"是哲学研究的对象和出发点,而哲学的真正使命是人的解放。马克思的人学思想到了 20 世纪 30 年代才开始引起研究者的广泛重视,并且对于现代西方思潮产生了深刻影响。

现代西方哲学对于人的研究沿着两个方向发展。一是马

---

1 《费尔巴哈哲学著作选集》上卷,生活·读书·新知三联书店,1962 年,第 184 页。

克思所开辟的宏观社会学方向,着重揭示社会的人的实践本性。一是尼采所开辟的微观心理学方向,着重揭示个体的人的非理性本性。当然,二者也互相渗透,出现合流,例如在法兰克福学派的理论中。这两个方向相对于近代仅仅从感性或理性方面理解人的传统,都是重大的转折。

尼采的哲学观有一根本的出发点,就是认为任何一种哲学与从事哲学思考的人的个性不可分离。他说:"倘若人有一种个性,他也就必定有他的个性的哲学:不过其间有着显著的区别。那化为哲学的,在一个人是他的缺点,在另一个人则是他的富有和力量。前者必须有他的哲学,无论是作为支柱、安慰、药物、拯救、升华还是对自己的疏离;对于后者,哲学只是一种美丽的奢侈品,至多是一种凯旋着的谢忱的狂喜,这狂喜最后也仍只好将自己用宇宙的大写字母书写在概念的天空上。"[1]哲学或者作为个性缺陷的补救,或者作为个性丰满的庆祝,总之是发于个性又体现了个性的。

哲学诚然与个性密不可分,可是,很久以来,二者之间的这种血肉联系被切断了,使哲学失去了生命。所以,当尼采从叔本华的哲学中重新发现了这种联系,他是多么欣喜若狂呵。他称赞叔本华的哲学"是一种个体化的哲学,由个人仅仅为了自己而建立,以求获得对自己的不幸和需要、自己的局限之洞察,并探究克服和安慰的手段"。借叔本华哲学为题,尼采发挥出他自己对于哲学的对象和使命的一番看法来。

---

[1] 《快乐的科学》序。KSA,第 3 卷,第 347 页。

他说:"叔本华的伟大之处,就在于他站在整幅生命之画前面,解释它的完整的意义。"而别的哲学家往往只是详析画面上所用的颜色和材料,在枝节方面发表赞成或反对的博学的意见,提出条分缕析的怀疑和反驳。他得出结论:"每一种伟大哲学的要求,就是作为整体始终只是说道:这是生命之画的全景,从中学知你的生命的意义吧。"自然产生哲学家和艺术家的用意就是"想借此使人的生存变得有道理和有意义"。[1]

尼采后来否定了叔本华哲学,但是并没有否定他在1874年关于叔本华所说的这些话。他自己承认,他不过是像柏拉图利用苏格拉底一样地利用了叔本华作为表达思想的工具。他所说的这一切仅与他自己有关,是他内心历程的记录,是他对于自己的期许。[2]

说到哲学关心人生问题,也许可以追溯到苏格拉底。苏格拉底首先要求把哲学的注意力从自然事物转移到人事,以"认识自己"为哲学之使命。但是,尼采偏偏对苏格拉底最为不满,他向欧洲理性主义传统挑战正是从苏格拉底首先开刀的。问题在于,苏格拉底把人生问题归结为道德问题,所谓"认识自己"就是"要关心改善自己的灵魂";又把道德归结为知识,提出"美德即知识"的命题。兜了一个圈子,人生的意义被归结为知识。这正是尼采最不能容忍的,所以他

---

[1] 《作为教育家的叔本华》3、7。KSA,第1卷,第356、357、404页。
[2] 参看《看哪这人》:《不合时宜的考察》3。KSA,第6卷,第320页。

把苏格拉底看作造成两千年来欧洲哲学偏离人生根本的罪魁祸首。

尼采自己是从一个美学问题即悲剧的起源问题开始他的哲学活动的。可是,美学仅仅是他思考人生问题的特殊角度。受叔本华影响,他对人生持悲观看法,但又不能忍受一个无意义的人生,于是想从美学上找到突破口,靠艺术和审美赋予人生以意义。《悲剧的诞生》正是他试图摆脱叔本华的影响,创立自己的哲学的一个开始。他早期从审美状态的分析提出酒神精神,后来由酒神精神脱胎出强力意志,都是为了给人生意义问题提供一个解答。

哲学本是关涉人的灵魂的事情,它是活生生的个人对于人生意义的不懈寻求。无个性的人不能爱,离开人生意义的寻求无所谓智慧。智慧不等于知识,哲学家不等于饱学之士。一个天文地理无不通晓的人,他的灵魂却可能一片黑暗。真正的哲人是寻求着人生智慧的探索者。可是,在尼采看来,哲学早已迷途了,两千年来一直徘徊在知识的密林里,看不见智慧的光。他推崇前苏格拉底时代的哲学家,特别是赫拉克利特,引以为自己的先驱者。自苏格拉底以后,他只佩服少数几个哲学家,如蒙田、帕斯卡尔,认为他们身上尚存哲学爱智慧之真谛。在人生的根本追求被遗忘的时代,尼采的用意是要哲学迷途知返,回到自己的根基,对人生的意义提出质问和回答。尼采的呼声越过世纪的山峰,在存在主义哲学中激起了悠长的回响。海德格尔和萨特为哲学确定的任务就是揭示个人存在的结构和意义,他们的全部哲学活动都是为了促使个人聚精会神于体验自己存在的意义。

首先做一个真实的人

这里有两个人。一个人靠哲学谋生,挂着教授的头衔,高踞哲学的讲坛,读书破万卷,熟记前人思想,可谓学问高深。另一个人,姑且说吧,只是个流浪汉,读过不多几本哲学书,比起前者来望尘莫及,但是他天性敏感,热爱人生,情不自禁地思考着人生的种种根本问题,百折不挠地求索着人生的真谛,要他不这样做,就等于叫他去死。

问你:谁是哲学家?

尼采的回答必是后者。在尼采看来,一个人要配称哲学家,"他不仅必须是一个大思想家,而且也是一个真实的人"。[1] 毋宁说,做一个真实的人,这是成为哲学家的首要条件。然而,这也是最难达到的条件:"要真实——很少人能做到!即使能做到的人,也还是不想做!"[2] 因为真实是要付出可怕的代价的呵。

那么,怎样才算一个真实的人呢?尼采常常把真正的哲学家同"学者"进行对比,我们从这种对比中可以更加明白

---

[1] 《作为教育家的叔本华》7。KSA,第1卷,第410页。
[2] 《查拉图斯特拉如是说》:《旧榜和新榜》。KSA,第4卷,第251页。

尼采的要求。

尼采自己是做过十年学者的人，因此当他说他精通"学者心理学"时，大约不算夸大其词。在他的著作中，我们随时可以遇见对于学者形象的描绘和对于学者心理的剖析。

让我们先从《查拉图斯特拉如是说》的《学者》一节中摘录比较完整的一段话：

这是真的，我离开了学者们的屋子，并且砰地关上了我身后的门。

我的灵魂饥肠辘辘地坐在他们的桌旁已经太久；我不像他们那样志在砸开坚壳，剥取知识。

我爱自由和新鲜土地上的空气；我宁愿睡在牛皮上，胜似睡在他们的体面和尊严上。

我太热了，被自己的思想灼烫着，常常因此而窒息。于是我不得不到户外去，离开一切尘封的屋子。

但他们冷漠地坐在阴凉的暗影里：他们只愿做观众，留心不坐到太阳晒烤台阶的地方去。

如同那些站在街上呆望过往行人的人，他们也如此期待和呆望别人想过的思想。

一旦有人捉住他们，他们立即像面粉口袋那样在自己四周扬起灰尘，而且不能自已。可是，谁会猜到他们的灰尘来自谷粒，来自夏日田野的金色欢乐呢？……

……他们的手指知道一切的穿针、打结、编织，他们如此制造着精神的袜子！

他们是好钟表，只须记着及时给他们上发条！于是他们报时无误，同时发出一种谦虚的噪音。

他们如同磨盘和杵臼一样地工作着，只要向他们投放谷粒就行！——他们擅长磨碎谷粒，制成白粉！……[1]

这里已经把学者与真正的哲学家（以"我"即查拉图斯特拉的形象出现）两相对照得很鲜明了。第一，学者天性扭曲，真正的哲学家却天性健康，"爱自由和新鲜土地上的空气"。第二，学者"冷漠"，真正的哲学家却热情而真诚，"被自己的思想灼烫着"。第三，学者无创造性，如磨盘和杵臼，只会咀嚼别人的思想，真正的哲学家却富于创造性。

在尼采看来，"学者"类型的产生不能归咎于个人，而是整个偏重科学理性的教育制度和琐细分工的产物。科学在自助时伤了它的仆人，把自己的冷漠干枯的性格刻印在他们身上了。学者们过早地献身于科学，使他们的本性遭到扭曲，长成了精神上的驼背。[2] 一个人当了学者，就一辈子坐在墨水瓶前，蜷曲着腰，头垂到纸上，在书斋沉重的

1　《查拉图斯特拉如是说》：《学者》。KSA，第4卷，第160—161页。

2　参看《作为教育家的叔本华》2。

天花板下过着压抑的生活。试看少年时代的朋友,原先聪颖活泼,一旦他占有了一种专门学问,从此就被这项学术占有了,在这小角落里畸形生长着,做了他那专业的牺牲品。[1]按照尼采的理解,一个哲学家,就是一个为人生探寻和创造意义的人。学者的人性已被扭曲,他自己的人生已无意义,又如何能成为一个赋予人生以意义的哲学家?

哲学的使命还要求哲学家绝对真诚。真正的哲学问题关乎人生之根本,没有一个是纯学术性的,哲学家对待它们的态度犹如它们决定着自己的生死存亡一样。一般人无此紧迫感,他们的认识无非出于利益、爱好、无聊或习惯。可是,回响在哲学家耳旁的声音却是:"认识吧,否则你就灭亡!"对于他来说,真理如同用刀子切入了他的皮肉中去一样。[2]

尼采写道:"我们哲学家不像普通人可以自由地将灵魂与肉体分开,更不能自由地将灵魂与思想分开。我们不是思索的蛙,不是有着冷酷内脏的观察和记录的装置——我们必须不断从痛苦中分娩出我们的思想,慈母般地给它们以我们拥有的一切,我们的血液、心灵、火焰、快乐、激情、痛苦、良心、命运和不幸。生命对于我们意味着,将我们的全部,连同遇到我们的一切,都不断地化为光明和烈火,我们全然不能是别种样子。"[3]

---

1 参看《快乐的科学》366。
2 参看《朝霞》460。
3 《快乐的科学》序。KSA,第3卷,第349—350页。

尼采还写道:"一个思想者是切身地对待他的问题,在其中看到他的命运、他的需要以及他的最高幸福,还是'不切身地'对待,仅仅以冷静好奇的触角去触动和把握它们,其间有最显著的区别。在后一场合,可以断言,是毫无成果的。"[1]

真诚意味着把自己的全部生命投入到思想中去,这样的人的思想是"一部热情的灵魂史",其中充满着"在思想的热情中燃烧着的生命所具有的升沉和震动"。[2]真正的哲学家怀着巨大的热情,"不断生活在最高问题的风云中和最严重的责任中",他的生活"全然不是静观的、局外的、漠然的、安全的、客观的"。[3]

一个真诚的作家决不会自欺欺人,故弄玄虚,因为他是"为自己而写作"。[4]尼采谈到自己的作品时说:"每一个字都源自深刻的、内在的体验;其中不乏最痛苦的体验,有一些字甚至是用血写的。"[5]

可是,学者往往缺乏真诚,且不说那些借文化谋私利的人,就是自命为了爱知识而求知识的"纯粹的求知者",也不过是"精巧的伪善者"。因为真正的爱必定与死相伴,愿为所爱者去死,而他们却像月亮一样,自命清高,无欲地淡视着

---

[1] 《快乐的科学》345。KSA,第3卷,第577—578页。
[2] 《朝霞》481。KSA,第3卷,第285—286页。
[3] 《快乐的科学》351。KSA,第3卷,第587页。
[4] 参看《作为教育家的叔本华》2。
[5] 《看哪这人》:《不合时宜的考察》3。KSA,第6卷,第320页。

人生。一旦灼热的太阳升起，月亮的爱就到了末路。这太阳，就是热爱人生的真正的哲学家。[1]

真正的哲学家全身心地治理哲学问题，把他的活生生的个性融到哲学思考之中，如此形成的思想必是创造性的，因为，倘若创造性不是独特个性的体现，又是什么呢？尼采认为，一个哲学家必备两种相关的特性：他须"初始地观察事物"，他本身须"是一个初始看到的事物"。也就是说，他的个性是独特的，他看事物的方式也是独特的。他不让种种观念、意见、书籍插在自己与事物之间，他的天性未受俗见的污染，他永远保留着看事物的新鲜的第一眼。[2] 可是，学者的本性却是非创造的。"在任何时候，天才和学者都是互相敌对的。后者想要杀死、解剖和理解自然，前者想要用新的活泼的自然来加强自然。"[3] 学者治学靠一种"愚钝式的勤勉"，埋头于书籍，一点一滴地搜集着各门科学的现成结论，靠别人的思想度日。真正的思想家向往闲暇，以便自由地从事创造，玩味自己的思想。平庸的学者却害怕闲暇，因为他没有自己的思想，一旦空闲，便觉无聊，于是书籍和学术成了他驱除无聊的苍蝇拍。[4]

在《快乐的科学》一书《学者的由来》一节中，尼采列举了学者的种种类型：秘书型的学者只知整理种种材料，使

1　参看《查拉图斯特拉如是说》：《纯洁的知识》。
2　参看《作为教育家的叔本华》7。
3　《作为教育家的叔本华》6。KSA，第1卷，第400页。
4　参看《作为教育家的叔本华》6。

之系统化；律师型的学者全力辩护其对于所研究的问题的权利；牧师型的学者一心让人们信仰他的信仰；犹太学者运用逻辑迫使人们赞同他的意见。所有这些人，不思创造性地解决问题，只图以各自的方式证明自己从事着正当的工作。[1]

尼采最反对死读书。他写道："学者仅以'翻'书本为业……最后就完全丧失了独立思考的能力。如果不翻书，他就不思考。当他思考时，他是在对一个刺激（一个他读到的思想）做反应——最后他就只会做反应了。学者把自己的全部力量用来赞同和反对，用来批评业已产生的思想——他自己就不产生思想了"，结果"成了必须去擦它才生出火花即'思想'的火柴"。尼采说这话是有切身体会的，当他因眼疾而不得不停止阅读时，他突然产生一种轻松之感，他从书籍中解脱出来，有工夫自己思考了。他真切感到，对于一个哲学家来说，最重要的是独立思考，自己来创造，说出非他不能说出的话来。一个有创造力的人把太多的时间耗在阅读上，是一种浪费。"在破晓的黎明时分，在精力最饱满、最洋溢的时候，拿起一本书来读——我把这叫作堕落！"[2] 他认为，自我教育是造就一个思想家的唯一途径："没有教育者。——作为思想者，一个人应当只谈自我教育。"[3] 书籍、知识、他人的思想都只能拿来为我所用，而不应当成为目的本身。

---

[1] 参看《快乐的科学》349。
[2] 《看哪这人》：《我为何如此聪明》8。KSA，第6卷，第292—293页。
[3] 《人性的，太人性的》第2卷第2部267。KSA，第2卷，第667页。

总之，一个哲学家首先必须是一个真实的人，即一个天性健康、真诚、有创造能力的人。这是由哲学的对象和使命所决定的。既然哲学的对象是人生，使命是赋予人生以意义，那么，唯有天性健康才能正确地领悟人生，唯有真诚才能忠实地探求人生的意义，而人生的意义又要靠它的寻求者来创造。学者之不能胜任哲学的使命，正由于他同人生处在一种根本错误的关系中，他漠视人生，远离人生，虚度人生。所以，尼采断定："一个学者绝不可能成为一个哲学家。"[1] 一个真诚的人生寻求者可能走错路，但是他对待人生的态度是正确的；一个"学者"也许不犯错误，但是他对待人生的态度本身即是最大的错误。所以，尼采轻蔑地说："即使我走着我自己的错路，我也仍然走在他们头顶上面。"[2]

为思想而战

古希腊哲人第欧根尼听到有人称赞某哲学家，便问道："他究竟拿出了什么伟大的成果？学了这么多年哲学，竟没有损人！"

美国作家爱默生说："要提防当伟大的上帝让一位思想家到这世界上来的时候，一切东西都有危险了。"

1　《作为教育家的叔本华》7。KSA，第 1 卷，第 409 页。
2　《查拉图斯特拉如是说》:《学者》。KSA，第 4 卷，第 162 页。

尼采也说：在现代，"哲学似乎已经变成了一种可笑的东西"，而其实它应该是"可怕的"。[1] 哲学家应该是"给一切带来危险的可怕的炸药"。[2]

哲学，以探索人生真谛为使命的哲学，在它面前难道存在什么禁区吗？世俗的"禁区"，流行的观念，传统的信仰，既然它们往往掩盖或歪曲了人生的真相，闯入"禁区"不正是哲学的责任吗？"如同我一向所理解和体会的，哲学乃是自愿生活在冰雪中和高山上，探究生存中一切陌生和可疑的事物，一切历来被道德所禁止的事物。"[3] 人生，即是人的全部价值，人生的意义，即是人的最高问题。哲学家对于人生的问题探根究底，绝无偏见，一切理论，一切信仰，不论它们是受权势保护的，还是为多数人接受的，抑或是他自己一度钟爱的，哲学家都要敢于追问它们的根据，敢于用人生的尺度加以衡量，决定取舍。他对于一切既定的价值都要重新加以估量，以批判的眼光考察一切，凡是未经如此考察的绝不轻易相信。在尼采看来，这才是本来意义上的哲学研究。

但是，并非所有的人都敢于正视人生，许多人一辈子靠自欺欺人的幻想活着，而把试图打破这种幻想的人视为仇敌。权势者为了维护统治，也着力培植民众的迷信，对敢于向迷信挑战的思想家严加镇压。所以，一个真正的哲学家不但必

---

[1] 《作为教育家的叔本华》8。KSA，第 1 卷，第 427 页。
[2] 《看哪这人》：《不合时宜的考察》3。KSA，第 6 卷，第 320 页。
[3] 《看哪这人》序。KSA，第 6 卷，第 258 页。

须是一个真实的人，为了有勇气做到真实，还必须是一个坚强的战士，"为你们的思想而战"。[1]

哲学的堕落，莫过于依附权势，迎合民众的迷信。如此做的人也许赢得一时的名声和地位，成为"知名的智者"，可是尼采称他们是驾在权势者铁骑前面用来魅惑民众的小驴。与他们相反，真正的哲学家，"自由思想者"，尽管遭到权势者和民众的放逐，生活在寂寞之中，却是在悬崖峭壁筑巢的雄鹰。[2]尼采瞧不起黑格尔和康德，在他看来，这两人只是把自己那个时代的信仰系统化并为之辩护；真正的哲学家却要用刀子对他们时代的美德的胸膛进行解剖。哲学家有责任戳穿形形色色的谎言，"和千百年来的谎骗相敌对"。[3]

哲学家必须是精神上的强者。伟大的思想，与美丽的女子有相同的趣味，决不肯让萎靡的弱者来占有自己。[4]"人是严格按照勇气所许可前进的程度，严格按照力的尺度，而接近真理的。强者必须认识和肯定现实，恰如弱者出于虚弱必定怯懦而逃避现实一样。"[5]只有强者才有认识的自由，弱者却需要生活在欺骗之中。精神的强者出于内在的丰满和强盛，与一切相嬉戏，玩弄至今被视为神圣不可侵犯的事物，蔑视至

---

1 参看《查拉图斯特拉如是说》：《战争与战士》。KSA，第4卷，第58页。
2 参看《查拉图斯特拉如是说》：《知名的智者》。
3 《看哪这人》：《瓦格纳事件》4。KSA，第6卷，第364页。
4 参看《快乐的科学》345。
5 《看哪这人》：《悲剧的诞生》2。KSA，第6卷，第311—312页。

高无上者。[1] 只有这样的强者才能真切体验到人生的意义,从人生的痛苦中发现人生的欢乐。他的精神足够充实,在沙漠中不会沮丧,反而感觉到孤独的乐趣。他的精神足够热烈,在冰窟中不会冻僵,反而感觉到凛冽的快意。这也就是尼采所提倡的酒神精神。

尼采一再强调,真正的思想家必定爱他的仇敌,爱思想的交战。好的思想家不是真理的垄断者。"即使我们狂妄到认为我们的一切意见都是真理,我们也不会希望它们单独存在。"[2] 因为真理须有强敌,能拼搏,否则我们会觉其无聊。为思想而战,无论胜败,均非思想家个人的事情,而是真理的事情。[3]

哲学家精神上的强大,来自生命力的旺盛和对人生的热爱。尼采十分感叹有些哲学家,到了老年便迷信特殊地位和特殊权力,以权威的身份裁决真理,从世俗的特权中寻求满足。对于他们,曾经为之激动的思想领域内的胜利和光荣,作品中的不朽,读者心灵中的战栗和欢欣,通通不算什么了。这是精神衰老的标志。[4] 精神上真正的强大怎么能够凭恃外在的权力呢?真正的精神强者又怎么会充当思想的暴君呢?一个思想家的力量表现在禁绝思想,岂非莫大的讽刺?在尼采看来,事情恰恰与此相反:"舆论的压迫愈严重,自由愈是遭

1　参看《快乐的科学》382。
2　《朝霞》507。KSA,第3卷,第297页。
3　参看《朝霞》370。
4　参看《朝霞》542。

到威胁，哲学就愈有尊严。"[1] 当然，提高哲学的尊严的绝非压迫者一方，而是被压迫者一方。顺便说说，尼采对于哲学家的看法，也为对他的强力意志说的误解提供了一个反证。真正的哲学家，精神上的强者，诚然是强力意志充沛的人，然而他的强力意志所追求的绝非统治思想的权力，相反是思想自由的权利——一个真实的人的天赋权利，在它面前，一切与之敌对的权力都必定倾倒。

尼采认为，权力和职业是败坏哲学的两个因素。因此，他提出了以下要求：

> 我认为这是文化的要求：取消对哲学的一切国家的和学院的认可，从根本上废除国家和学院所不能胜任的甄别真伪哲学的任务。让哲学家们始终自发地生长，不给他们以任何获取公职的希望，不再用薪金鼓励他们，甚至更进一步，迫害他们，歧视他们——你们便会目睹一种奇景！……转瞬间万物皆空，鸟雀俱飞，因为要摆脱坏哲学家是很容易的，只消不再优待他们就可以了。比起以国家的名义公开庇护任何一种哲学——不管它自以为是怎样的哲学——来，这无论如何是一个更好的建议。[2]

1　《作为教育家的叔本华》8。KSA，第1卷，第425页。
2　《作为教育家的叔本华》8。KSA，第1卷，第421—422页。

哲学家也是人，也要吃饭。尼采的意思总不该是让哲学家通通饿死。他是有感于时弊（或者说积弊），反对把哲学政治化和职业化。在19世纪的德国，有钦定官方哲学家的风气，黑格尔就是一个例子。许多冒牌哲学家，或者为了谋取权势，或者为了混碗饭吃，混在哲学家的队伍里。极有讽刺意味的是，多少伟大的哲学家，生前贫困潦倒一生，死后却养活了一代又一代的冒牌哲学家。可以万无一失地料定，一旦哲学无利可图，这些冒牌哲学家就会争先恐后地抛开哲学，另谋出路。剩下的是什么人呢？是那些真正热爱人生、热爱思考因而也真正热爱哲学的人，这样的人怀着苏格拉底那样的信念："一种未经思考过的人生是不值得过的。"（不过，按照尼采的要求，思考的方式和结论应该不同于苏格拉底。）贫困也罢，迫害也罢，都不能阻止他们做这种思考。他们视哲学为生命，一旦停止对人生的反思，便感到光阴虚掷，虽生犹死。在尼采看来，这样的人才算真正的哲学家。

哲学家的命运

"带着你的爱和你的创造走进你的孤独吧，我的兄弟；以后正义才会跛足随你而行。"[1]这是尼采为一切创造者预言的命运，哲学家也不例外。

---

1 《查拉图斯特拉如是说》：《创造者之路》。KSA，第4卷，第82页。

亚里士多德说：人要独居，必须是野兽或天神。尼采补充说："忽略了第三种情形：必须同时是二者——哲学家。"[1]野兽独居，因为它桀骜不驯。天神独居，因为它充实自足。哲学家既桀骜不驯，又充实自足，他是人类这群居动物中的不合群者、孤独者。

说来奇怪，哲学家致力于寻求人生的意义，这种寻求反而给他自己的人生带来如许苦难。

有什么办法呢？他太敏感了，如同某些对于即将来临的天气变化极其敏感的动物一样，是他的痛苦造成了他的先见之明。[2]

他也太挑剔了。一般人为薪金而工作，满足于日常的劳作和消遣，他却宁死不做他不感兴趣的工作，永远不肯满足。比起俗人来，他是不明智的，为情感所驱策，不计利害安危。他有特殊的价值观念，他的趣味往往在于例外的事情，一般受冷遇的事情。哲学家可曾时髦过吗？[3]

哲学家甚至不应该结婚，因为爱情的利他会变成家庭的自私，男子为了儿女会忘掉世界。"凡有心于最高的哲学思维而又结婚的人，都是可疑的。"[4]儿女一生下来，许多哲学家就死去了。笛卡尔、霍布斯、莱布尼茨、洛克、休谟、康德、

---

[1]　《偶像的黄昏》：《格言与箭》。KSA，第6卷，第59页。

[2]　参看《快乐的科学》316。

[3]　参看《快乐的科学》3、42。

[4]　转引自威尔都兰：《古今大哲学家之生活与思想》，中译本，1930年，第658—659页。

叔本华不是都没有结婚吗？尼采自己不是也没有结婚吗？

在一般人眼里，哲学家太与众不同了，而与众不同就是过错；太不可理解了，而不可理解就是荒谬。人不是应当处处随和从俗，才皆大欢喜；事事合乎常理，才让人放心吗？多少哲学家生前被周围的人们视为或危险或可笑的怪人！

哲学家的命运已经包含在他的性格和使命之中，他的真诚、他的勇敢、他的创造性，注定了他的孤独。人的天性中皆有创造的潜力，可是大多数人不肯去挖掘，因为懒惰，也因为独创是一副沉重的锁链，"对于戴着这副锁链的非凡之人来说，生命就丧失了一个人在年轻时对它梦想的几乎一切，包括快乐、安全、轻松、名声等；孤独的命运便是周围人们给他的赠礼；无论他想在哪里生活，那里立刻就会出现荒漠和洞穴。"[1] 因为害怕这样的命运，一般人退缩了，听任创造的潜力泯灭。哲学家不肯退缩，果然报应不爽。

一颗平庸的灵魂，并无值得别人理解的内涵，因而也不会感受到真正的孤独。相反，一个人对于人生和世界有真正独特的感受、真正独创的思想，必定渴望理解，可是也必定不容易被理解，于是感到深深的孤独。最孤独的心灵，往往蕴藏着最热烈的爱。热爱人生，忘我地探索人生真谛，在真理的险峰上越攀越高，同伴越来越少。孤独是一颗值得理解的心灵寻求理解而不可得，它是悲剧性的。无聊是一颗空虚的心灵寻求消遣而不可得，它是喜剧性的。寂寞是寻求普通

---

[1] 《作为教育家的叔本华》3。KSA，第1卷，第359页。

的人间温暖而不可得，它是中性的。然而，人们往往将它们混淆，甚至以无聊冒充孤独……

"我孤独了。"啊，你配吗？

哲学家之所以孤独，是"因为他们感到有一条可怕的鸿沟，把他们同一切传统分离开来，置于恒久的光荣之中"。[1]这是虚伪包围中的一个真实的人的孤独，这是向一切传统挑战的思想战士的孤独。

尼采平生最厌恶小市民阶层，不耐烦也不相信可以改造他们的猥琐卑劣。因此，他要求爱真理的人离开小市民聚集的"市场"，逃到孤独中去。孤独，也是真正的思想家避免无谓牺牲、保存自己的避难所。"不要再伸臂反对他们！他们是无数的，而你的命运也不是做一个蝇拍。小人和卑鄙者是无数的。雨点和杂草已经使一些雄伟的建筑倒塌了。"[2]

可是，孤独又是一个充满危险的避难所。长久的孤独会使人精神沮丧，意志瓦解，会使人病弱、懊伤、屈服。只有像贝多芬、歌德这样最坚强的天性，才能坚持住；可是"即使在他们身上，许多特征和满面皱纹也显示了那令人筋疲力尽的斗争和挣扎的后果：他们的呼吸越来越沉重，他们的声音很容易过于粗暴"。[3]社会无情地迫害这些伟人，连他们的孤独也构成为罪状。尼采对于伟人的最后命运持悲观的看法，

---

[1] 《偶像的黄昏》：《一个不合时宜者的漫游》。KSA，第6卷，第148页。
[2] 《查拉图斯特拉如是说》：《市场的苍蝇》。KSA，第4卷，第66页。
[3] 《作为教育家的叔本华》3。KSA，第1卷，第352页。

认为这样的人的"毁灭是规律",他们"在地球各个角落里等待,全然不知要等多久,更坏的是空等一场"。[1]

不过,不要以为哲学家的一生只是苦难。孤独者自有一般人想象不到的陶醉和欢欣……

在思辨哲学的故乡,尼采倡导一种有血有肉有欢笑有眼泪的人生哲学。与思辨哲学相适合的是学院哲学家、"学者"、"知名的智者"。与尼采所倡导的人生哲学相适合的,却是一种完全新型的哲学家,他们是"真实的人""自由思想家""知识的战士""不合时宜者",往往为他们所处的时代所不容,生活在孤独之中,不妨称之为"荒野"哲学家。两种对立的哲学观,两种对立的哲学家形象,表明了一种正在成熟的时代要求:哲学,再也不能不关人生的痛痒,作为无色透明的纯粹抽象的王国而存在了;它应当关心人和人的内心世界,有丰富的个性色彩,与迷惘的现代人一起走上凶吉未卜的探索之路。它不能为人生之谜提供万应不变的现成答案,但是它应当具有探索的真诚和勇气,反映出探索途中的曲折和悲欢。

---

[1] 《善恶的彼岸》269、274。KSA,第5卷,第223、227页。

第三章　从酒神精神到强力意志

> 要真正体验生命，
> 你必须站在生命之上！
> 为此要学会向高处攀登，
> 为此要学会——俯视下方！
>
> ——尼采

在历史上，人生探索的活跃总是发生在价值观念转换的时代。其中又有两种情况。一种情况是，旧的社会结构和信仰体系业已自行瓦解，新的社会力量尚且微弱，社会动乱，个人命运乖促，此时往往会有悲观主义哲学滋生，例如古罗马帝国时期斯多葛主义的流行。另一种情况是，新的社会力量已经足够强大，信心十足，向旧的信仰体系主动发起攻击，对人类前途满怀乐观主义的信念，例如文艺复兴时期人文主义思潮的兴起。

在 19 世纪，资本主义制度经过了两百年的发展，已经暴露出它固有的矛盾，文艺复兴时代的乐观主义信念已经被证明是少年人的天真幻想。马克思代表着新的社会力量，他的哲学仍然充满着乐观主义的精神，这种乐观主义以共产主义理论为其依据。尼采不同，他的哲学在根底上是悲观主义的，不过又不同于叔本华的纯粹消极的悲观主义，它带有一种激昂的情调，反映了西方社会中对于旧有价值体系失去信心，但又不乏探索的勇气的那一部分知识分子的情绪。

尼采在他探索人生问题的一开始，就遇到了叔本华，并且默默接受了他的悲观主义的前提。这倒也不奇怪。有怀疑才有真诚的探求，一个人能够如此执拗地追问人生的意义，正是因为他对这意义已经发生了怀疑。但是，悲观主义只是探索的起点，而不应该是终点。以寻求人生意义为使命的哲学，结果却是全然否定人生的意义，这不是彻底的失败吗？尼采不能容忍这样的失败。纵使人生本来没有任何意义，我们也要赋予它一种意义。为了赋予人生以意义，他开始提出酒神精神，后来又提出强力意志。从实质上看，酒神精神和强力意志是一码事，两者都是指生命力的蓬勃兴旺。尼采的结论是，用生命力的蓬勃兴旺战胜人生的悲剧性质，这本身就是人生意义之所在。

人生的辩护者

查拉图斯特拉30岁了。一天早晨，他与朝霞一同起身，走到太阳前说道：

你这伟大的星球！倘若你没有你所照耀的万物，你的幸福会是什么！

十年来，你在这里照临我的洞穴，倘若没有我、我的鹰和我的蛇，你想必已经厌倦了你的光和你的路了……

看啊！现在我厌倦了我的智慧，如同采集了太多蜜的蜜蜂，我需要伸出的手。

在说了这番话之后，查拉图斯特拉开始下山，向人间传播他十年间积累的思想去了。[1]

《查拉图斯特拉如是说》一开头的这段描写，很形象地表明了尼采的特色。尼采与叔本华，犹如佛教的大乘与小乘。他们都悲观，但是，叔本华的悲观是完全出世，否定人生，尼采却是出世复入世，否定人生然后又力图肯定人生。

叔本华认为，意志是世界的自在之物，一切现象包括个体的人都是意志的客体化即表象。意志是一种盲目的不可遏止的生命冲动，个人受这种冲动的驱使，不断地产生欲望。欲望意味着欠缺，欠缺意味着痛苦。所以，一切生命"在本质上即是痛苦"。当欲望休止，又会感到无聊。人生就摇摆在痛苦与无聊之间。不止于此，作为世界本质的生命意志是无限的，它在有限的个人身上必然得不到满足。人的个体生存的必然结局是死亡。人生如同怒海行舟，千方百计地避开

---

1 《查拉图斯特拉如是说》序。KSA，第 4 卷，第 11 页。

暗礁和漩涡，却走向必不可免的船沉海底。所以，个人应当"认清意志的内在矛盾及其本质上的虚无性"，自觉地否定生命意志，进入类似印度教的"归入梵天"、佛教的"涅槃"那样的解脱境界。[1]

在尼采的第一部著作《悲剧的诞生》中，我们可以发现叔本华悲观主义思想的痕迹。在那里，尼采在解释古希腊艺术的起源时强调，希腊人之所以需要以奥林匹斯众神形象为主要内容的史诗和雕塑艺术，是为了给痛苦的人生罩上一层美丽神圣的光辉，从而能够活下去；之所以需要激发情绪陶醉的音乐和悲剧艺术，是为了产生超脱短暂人生、融入宇宙大我的感觉，从而得到一种形而上学的安慰。在两种情形下，人生的痛苦和可悲性质都被默认是前提，而艺术则被看作解救之道。

在浅薄的科学乐观主义和虚假的基督教乐观主义流行的时代，悲观主义自有其深刻之处。尼采认为，始自苏格拉底的科学乐观主义相信科学至上、知识万能，凭概念指导生活，其实只是浮在人生的表面，并不能触及人生的根底。[2] 至于基督教相信在现实的世界之外还有一个"真正的世界"，它赋予人生以神圣的意义，这种信仰貌似乐观，其实是一种坏的悲观主义，因为它用"真正的世界"否定了现实世界的价值。只有一个世界，就是我们生活于其中的世界，这个世界"根

---

1 参看叔本华：《作为意志和表象的世界》，第 56、57、68、71 节。
2 参看《悲剧的诞生》15、24。

本不是神圣的，而且用人类的尺度衡量从来不是理智的、仁慈的或公正的"，它是"非神圣的，非道德的，'非人性的'"。[1] 可是，我们一旦否定了基督教的"来世"及其赋予人生的虚假意义，并且正视现实人世的真实面目，"叔本华的问题立刻以可怕的方式摆在了我们面前：人生到底有一种意义吗？"[2] 叔本华敢于直截了当地提出这个问题，否认人生的神圣性，正表明了他的诚实。在这个意义上，悲观主义未尝不具有积极的性质。它推翻了虚假的意义，沉重地走上了寻求真实意义的道路，对于寻求的结果不敢怀抱侥幸心理。

但是，悲观主义终究是消极的，它败坏了生活的乐趣，所以尼采称之为"死的说教"。[3] 人的个体生存诚然有其悲剧性质，作为理性的存在物，他能知无限，追求永恒，作为有限的生物，他又是必死的，这种难堪的矛盾只有在人身上才存在。在这世界上，每一个人的生命都是短暂的，迟早要万劫不复地逝去。然而，倘若一个人被悲观主义所俘虏，时时想着人生的虚无，他岂能生活下去？倘若人类都听从"死的说教"，岂非人类也要灭亡？叔本华没有自杀，只能说明他的理论并不彻底，没有贯彻到自己的人生实践中去，而深受他的思想影响的中国清末学者王国维却真的自杀了。至于人类的绝大多数，尽管明知人生固有一死，仍然喧闹忙碌地生活着、

---

[1]　《快乐的科学》346。KSA，第3卷，第580页。
[2]　《快乐的科学》357。KSA，第3卷，第600页。
[3]　参看《查拉图斯特拉如是说》：《死的说教者》。

追求着，足见生命本身有着死亡的阴影摧毁不了的力量。

尼采说："人人都争先恐后奔向这未来——可是，死和灭寂是这未来唯一确定和人人共同的事情！多么奇怪，这唯一确定和人人共同的事情对人们几乎毫无影响，他们离自己与死相邻的感觉最为遥远！看到人们完全不愿思考死的思想，我感到高兴！我很想做点事情，使生的思想对于他们百倍地值得思考。"[1]

尼采自己似乎也从悲观主义的梦魇中摆脱出来了："我从我的求健康、求生存的意志创造了我的哲学……正是在我的生命力最低落的年头（指患重病——引者），我终止做一个悲观主义者了；自我恢复的本能禁止我有一种软弱消沉的哲学。"[2]

尼采发现，一个人倘若有健全旺盛的内在生命力，他是不会屈服于悲观主义的。悲观主义是生命力衰退的表现，屈服于悲观主义有如屈服于霍乱，表明机体已经患病。[3] 这种人看见别人快乐便生伤感，好像看见病孩垂死前还依然玩着玩具一样；他们在一切玫瑰花丛下看出隐藏的坟墓。[4] 总之，问题全在于生命力：你健康，你就热爱生命，向往人生的欢乐；你羸弱，你就念念不忘死亡，就悲观厌世。一个要在人世间

1　《快乐的科学》278。KSA，第3卷，第523页。
2　《看哪这人》：《我为何如此智慧》2。KSA，第6卷，第267页。
3　参看《偶像的黄昏》：《一个不合时宜者的漫游》36。KSA，第6卷，第135页。
4　参看《朝霞》330。

有所建树的人最忌悲观主义："看破红尘——这是巨大的疲劳和一切创造者的末日。"[1] 尼采还有着饱满的生命力，他要度一个伟大的人生，于是他向悲观主义宣战了。他把叔本华归入颓废者之列，终生都在抨击他。他唱了一辈子生命的颂歌。他成了一位"人生的辩护者"。[2]

当然，人生仍有其悲痛的方面，而且这悲痛是深沉的，但是欢乐比悲痛更深沉。生命是一派欢乐的源泉，只有对于损伤的胃，对于悲观主义者，它才是有毒的。[3] 尼采愈来愈觉得，人生何其丰富，令人歆羡，而且神秘。他要拼命地去感受生命……

对于人生的肯定，来自爱。"我们爱生命，并非因为我们习惯于生命，而是因为我们习惯于爱。"[4] "你想望，你渴求，你爱，只因此你才赞美生命！"[5] "对生命的信任已经丧失：生命本身变成了问题。——但不要以为一个人因此而必定变成一个忧郁者！甚至对生命的爱也仍然是可能的——只不过是用另一种方式爱。这就像爱一个使我们生疑的女人……"[6] 尼采常常把生命譬作一个女子，一个妩媚的

1　遗稿。GA，第 12 卷，第 251 页。
2　参看 GA，第 6 卷，第 201 页。
3　参看《查拉图斯特拉如是说》：《旧榜和新榜》。KSA，第 6 卷，第 258 页。
4　《查拉图斯特拉如是说》：《读和写》。KSA，第 4 卷，第 49 页。
5　《查拉图斯特拉如是说》：《舞蹈之歌》。KSA，第 4 卷，第 140 页。
6　《快乐的科学》序。KSA，第 3 卷，第 350 页。

女子,她无恒、不驯、恣肆,允诺着也抗拒着,羞怯而又嘲讽,同情却又诱惑,因而更具魅力。她使你受苦了,可是你又怎么会不愿意为她受苦呢?所以受苦也成了一种快乐。她诚然有她的罪恶,可是当她自道其恶时,她尤为迷人。你也许会恨她,而当你恨她的时候,你其实最爱她。[1]

在爱里总有着疯狂。大爱不求回报,反而只求报答。生命已经把自己奉献给我们,我们应该时时想着给予最高的报答。只有带着恶意而不是带着爱观察人生的人,才会抱怨生命给予他的欢乐太少。自己对于欢乐毫无贡献,就不应当意欲欢乐。这贡献,就是对生命的爱。如果说生命是欢乐的源泉,那么,爱就是生命之欢乐的源泉,爱化痛苦为欢乐,化缺陷为美德。热爱人生的人对生命满怀感激之情,肯定人生的全部,连同它的苦难和悲剧……

到这里,我们开始接触到了尼采的酒神精神的实质。

笑一切悲剧

在尼采之前,黑格尔在《精神现象学》中已经用酒神崇拜来标志艺术发展的一个阶段,雅可比、布克哈特、荷尔德林、弗·施莱格尔、瓦格纳也都谈到过作为一种审美状态的酒神现象或醉的激情。尼采在《悲剧的诞生》中解释希腊

---

[1] 参看《快乐的科学》339。

悲剧的起源和本质时加以发挥，提倡酒神精神说。他很为他破天荒把酒神现象阐发为形而上学而感到得意，自称为"酒神哲学家"。事实上，酒神精神也的确是尼采哲学的特色之所在。

人生的悲剧性方面，本是一切人生哲学不应当回避的方面。肤浅的乐观主义回避这个方面，虚假的乐观主义掩盖这个方面，适见其肤浅和虚假。叔本华式的悲观主义承认人生的悲剧性，这是它比上述乐观主义深刻和真实的地方。但是，同时它又屈服于人生的悲剧性，得出了否定人生的结论。现在，尼采第一要承认人生的悲剧性，从而与肤浅的或虚假的乐观主义相反对；第二要战胜人生的悲剧性，从而与叔本华式的悲观主义相反对。为此他提出了酒神精神。他自己认为，他的酒神精神是超越于悲观主义和乐观主义的空洞论争之上的，是同时反对两者的。酒神精神所要解决的，正是在承认人生的悲剧性的前提下，如何肯定人生的问题。它旨在确立一种对待人生悲剧的积极立场，但是尼采首先从悲剧艺术着手。

在叔本华那里，世界意志之客体化为个别存在物的形式被称作"个体化原理"。他认为，个人正是因"个体化原理"而受意志的奴役，在审美状态中，个人暂时摆脱了"个体化原理"，从而暂时摆脱了意志的奴役，成为无意志的纯粹认识主体。悲剧的意义更是要人们看穿"个体化原理"，认清生命的原罪，从而放弃整个生命意志。所以他说，悲剧是生命意志的镇静剂。[1]他的悲剧观是以否定生命为归宿的。

尼采从叔本华那里继承了意志是世界的本质和"个体化原理"是现象的形式的观点。但是，叔本华把悲剧看作由否定"个体化原理"进而对整个生命意志的否定，尼采却把悲剧看作通过否定"个体化原理"而对整个生命意志的肯定。悲剧不是生命的镇静剂，相反是生命的兴奋剂和强壮剂。悲剧之所以给人以"个体毁灭时的快感"，是因为它"表现了那似乎隐藏在个体化原理背后的全能的意志，那在一切现象之彼岸的历万劫而长存的永恒生命"。[2]悲剧是"个人的解体及其同太初存在的合为一体"，[3]它给人一种"形而上的安慰"："不管现象如何变化，事物基础之中的生命仍是坚不可摧和充满欢乐的。"[4]"存在的一切必须准备着异常痛苦的衰亡，我们被迫正视个体生存的恐怖"，但是，在悲剧的陶醉中，"我们在短促的瞬间真的成为原始生灵本身，感觉到它的不可遏止的生存欲望和生存快乐……纵使有恐惧和怜悯之情，我们仍是幸运的生者，不是作为个体，而是众生一体，我们与它的生殖欢乐紧密相连"。[5]尼采用古希腊神话中的酒神狄俄尼索斯的形象，来命名这种个人解体而同作为世界本体的生命意志合为一体的神秘的陶醉境界，称之为酒神境界。因为在他看来，

---

[1] 参看叔本华：《作为意志和表象的世界》，第51节。
[2] 《悲剧的诞生》16。KSA，第1卷，第108页。
[3] 《悲剧的诞生》8。KSA，第1卷，第62页。
[4] 《悲剧的诞生》7。KSA，第1卷，第56页。
[5] 《悲剧的诞生》17。KSA，第1卷，第109页。

原始的酒神祭,那种无节制的滥饮、性的放纵、狂歌乱舞,表现了个体自我毁灭和与宇宙本体融合的冲动,正显示了悲剧艺术的起源。

尼采认为,叔本华在逻辑上是不彻底的。既然生命意志是世界的本质,它就是永恒的,必然时而毁灭个体生命,时而又产生个体生命。这表明了自然界本身生命力的强大。在悲剧中,通过个人的毁灭,我们正应该体会到宇宙生命的丰盈充溢才是。个体生命的毁灭本身是生命意志肯定自身的一种形式。悲观主义因为个人的毁灭而否定整个生命,乃是一叶障目。悲剧之所以能通过个体的毁灭给人快感,其秘密就在于它肯定了生命整体的力量。尼采欣喜于发现这个秘密,自命是"第一个悲剧哲学家",是"悲观主义哲学家的极端的对立者和反对者"。[1]

既然宇宙生命本身生生不息,个体生命稍纵即逝,那么,要肯定生命,就必须超越个人的眼界,立足于宇宙生命,肯定生命的全体,包括肯定其中必定包含的个人的痛苦和毁灭。这是酒神精神的真髓。

"一个如此解放了的精神,怀着喜悦和信赖的宿命论立于天地之间,深信仅有个体被遗弃,在整体中万物都被拯救和肯定——他不再否定……但一个这样的信念是一切可能信念中

1　《看哪这人》:《悲剧的诞生》3。KSA,第 6 卷,第 312 页。

最高的，我名之为酒神精神。"[1]

"甚至在生命最异样最艰难的问题上肯定生命，生命意志在生命最高类型的牺牲中为自身的不可穷尽而欢欣鼓舞——我称这为酒神精神……"[2]

尼采一再强调，酒神精神达到了肯定的极限，它肯定万物的生成和毁灭，肯定矛盾和斗争，甚至肯定受苦和罪恶，肯定生命中一切可疑可怕的事物。总之，肯定生命的整体。[3]

很显然，叔本华的悲观主义哲学与尼采的悲剧哲学或酒神哲学有一个共同的出发点，就是把生命意志看作世界的本质。但是，一旦进一步追问这生命意志的本质，他们就分道扬镳了。叔本华的生命意志是一种纯粹消极的"挣扎"，尼采的生命意志却是一种积极创造的力量。在尼采看来，要创造就必须破坏，破坏意味着个体的灾难和毁灭，但这正是创造的必要前提，是宇宙生命整体新陈代谢的必然法则，是健全和丰盈所产生的痛苦。有生必有死，要肯定生命就必须肯定死亡，这样一种朴素的辩证法被尼采阐发为富有诗意的人生哲学了。

要解决个人生存的意义问题，就必须寻求个人与某种超越个人的整体之间的统一，寻求小我与大我、有限与无限的

---

1 《偶像的黄昏》：《一个不合时宜者的漫游》49。KSA，第6卷，第152页。
2 《偶像的黄昏》：《我感谢古人什么》5。KSA，第6卷，第160页。
3 参看《看哪这人》：《悲剧的诞生》2—4；《查拉图斯特拉如是说》6。KSA，第6卷，第311—313、345页。

统一，无论何种人生哲学都不能例外。区别只在于，在不同的哲学中，那个用来赋予个人生存以意义的整体是不同的。例如，它可以是自然（庄子、斯宾诺莎），社会（马克思、孔子），神（新柏拉图主义、基督教），等等。如果不承认有这样的整体，就会走向悲观主义（佛教、印度教、叔本华）。尼采以宇宙生命赋予个人生存以意义，要求个人站在宇宙生命的立场上来感受永恒生成的快乐，其中包括毁灭掉有限个体的快乐。由个人的眼光看，这个要求似乎有点玄。不过，如果我们把形而上学语言换成普通语言，就会发现这个要求倒是相当朴实的。尼采的意思无非是：用生命本身的力量来战胜生命的痛苦，而当你抗争之时，你就是在痛苦中也会感觉到——百倍强烈地感觉到生命的欢乐。这种抗争痛苦而生的欢乐，相当于生命本体的欢乐。

尼采要我们看到，痛苦是生命不可缺少的部分。生命是一条毯子，苦难之线和幸福之线在上面紧密交织，抽出其中一根就会破坏了整条毯子、整个生命。没有痛苦，人只能有卑微的幸福。伟大的幸福正是战胜巨大痛苦所产生的生命的崇高感。痛苦磨炼了意志，激发了生机，解放了心灵。人生的痛苦除了痛苦自身，别无解救途径。这就是正视痛苦，接受痛苦，靠痛苦增强生命力，又靠增强了的生命力战胜痛苦。对于痛苦者的最好的安慰方法是让他知道，他的痛苦无法安慰，这样一种尊重可以促使他昂起头来。生命力取决于所承受的痛苦的分量，生命力强盛的人正是在大痛苦袭来之时格外振作和欢快。英雄气概就是敢于直接面对最高的痛苦和最高的希望。热爱人生的人纵然比别人感受到更多更强烈的痛苦，同时却也感受到更多更强烈的生命之欢乐。与痛苦相对抗，是人生最有趣味的事情。[1]

"人是最勇敢的动物……他高唱战歌征服一切痛苦，而人的痛苦是最深的痛苦。""人对人生的观察有多深，他对苦难的观察也就有多深。"[2]正是在痛苦以及征服痛苦的战斗中，人最高限度地感受和享受了生命。所以尼采主张："从生存中获取最大成果和最大享受的秘密在于：冒着危险生活！把你们的城市建在维苏威火山旁！把你们的船只驶向未经探测的海洋！生活在与旗鼓相当的对手以及与你们自己的战争中！"[3]他认为，危险"迫使我们自强"，"人必须有必要强大，才会变得强大"。[4]

尼采还认为，未来的不确定是使人生更具魅力的要素："我的思想应该向我指示我站在何处，但不应该向我透露我走向何方。我爱对未来的无知……"[5]

面对痛苦、险境和未知事物，精神愈加欢欣鼓舞，这样一种精神就是酒神精神。悲剧艺术所要表达的正是这种精神状态："面临一个强大的敌人、一种巨大的不幸、一个令人疑

1　参看《朝霞》380；《快乐的科学》序以及48、268、318。
2　《查拉图斯特拉如是说》：《幻觉与谜》。KSA，第4卷，第199页。
3　《快乐的科学》283。KSA，第3卷，第526页。
4　《偶像的黄昏》：《一个不合时宜者的漫游》38。KSA，第6卷，第140页。
5　《快乐的科学》287。KSA，第3卷，第528页。

惧的问题，而有勇气和情感自由，这样一种得胜状态被悲剧艺术家挑选出来加以颂扬。"[1]

酒神精神的本义是肯定生命包括肯定生命必涵的痛苦。为了肯定生命的痛苦，一个人必须有健全的生命力和坚强的意志。由此产生酒神精神的衍义：做一个强者。"'要坚强'这个命令，坚定地相信一切创造者都是强者，乃是酒神式天性的重要标志。"[2] 这里显示了酒神精神与强力意志的内在一致。

然而，再坚强的人也可能因致命的痛苦而丧生，或在险境中毁灭。何况人终有一死。最终的失败是否不可避免呢？尼采认为，具有酒神精神的人在失败中仍能大笑。"假如你们的伟大事业失败了，你们自己因此便失败了吗？假如你们自己失败了，人类因此便失败了吗？假如人类失败了，好吧，随它去！"[3] "失败的事情更应保持自尊，因为它失败了——这更合乎我的道德。"[4] 问题在于，抗争后失败，失败后仍不屈服，这不是真正的失败。生命敢于承受超过其限度的灾难，这本身就是一个胜利。尼采的酒神精神很像海明威笔下的硬汉子性格："一个人并不是生来要给打败的，你尽可以把他消灭掉，可就是打不败他。"

---

[1] 《偶像的黄昏》：《一个不合时宜者的漫游》24。KSA，第 6 卷，第 128 页。
[2] 《看哪这人》：《查拉图斯特拉如是说》8。KSA，第 6 卷，第 349 页。
[3] 《查拉图斯特拉如是说》：《高贵的人》。KSA，第 4 卷，第 364 页。
[4] 《看哪这人》：《我为何如此聪明》1。KSA，第 6 卷，第 278 页。

那么，死呢？具有酒神精神的人热爱生命，可是并不畏惧死亡。他甚至出于对生命的爱而自杀："当不可能骄傲地活着时，就骄傲地死去。"[1]"自由走向死和在死中自由，当不再能肯定时，做一个神圣的否定者：如此他彻悟了死与生。"[2]这样的死仍然是生命的胜利，他通过否定自己而肯定了生命。

人生诚然是一出悲剧，那就把它当悲剧来演吧，演得轰轰烈烈，威武雄壮。愈深刻的灵魂，愈能体会人生的悲剧性，但也愈勇敢。"最富精神性的人们，他们必首先是最勇敢的，也在广义上经历了最痛苦的悲剧。但他们正因此而尊敬生命，因为它用它最大的敌意同他们相对抗。"[3]在悲剧艺术中，悲剧英雄用他的毁灭使我们感受到生命本身的不可摧毁，精神为之欢欣鼓舞。在人生悲剧中，我们自己就是悲剧英雄，我们也要欢欣鼓舞地演这悲剧，从自身的痛苦乃至毁灭中体会生命的伟大和骄傲。人生的顶峰是"笑一切悲剧"。[4]酒神精神从艺术舞台流布到人生舞台上来了。

---

1 《偶像的黄昏》:《一个不合时宜者的漫游》36。KSA，第6卷，第134页。
2 《查拉图斯特拉如是说》:《自由的死》。KSA，第4卷，第95页。
3 《偶像的黄昏》:《一个不合时宜者的漫游》17。KSA，第6卷，第122页。
4 《查拉图斯特拉如是说》:《读和写》。KSA，第4卷，第48页。

神圣的舞蹈和神圣的欢笑

酒神精神的要义是肯定人生、祝福人生,连同它的悲剧性。要肯定人生,不在它的悲剧性面前逃避、自欺或颓丧,一个人必须足够坚强。但是,坚强而沉重,或者坚强而阴郁,仍然不合酒神精神。尼采认为,人生的伟大肯定者应该兼有"坚硬的骨头和轻捷的足"[1],合歌者、武士与自由精神为一体。[2]他应当学会"神圣的舞蹈"[3],学会欢笑。尼采一再谈到舞蹈和欢笑,用它们象征酒神式的人生态度。只有弄清二者的含义,才算领会了尼采的酒神精神。

舞蹈象征一种高蹈轻扬的人生态度。在尼采笔下,酒神精神的化身查拉图斯特拉是一个跳舞者,他有着宁静的气质、轻捷的足、无往而不在的放肆和丰饶。尼采孕育这个形象的最初征兆是一条速记的附注:"超过人类和时代六千公尺。"它恰好揭示了舞蹈的象征意义,便是超越性。

尼采认为,生命和人类都具有自我超越的本性,这种本性集中体现在强者、优秀者身上。人身上的超越性就是神性,而"轻捷的足是神性的第一属性"。[4]为了飞腾即超越,人应当学会在一切之上站立、行走、奔跑、跳跃、攀登和跳舞。跳

---

1 《查拉图斯特拉如是说》:《晚餐》。KSA,第 4 卷,第 354 页。
2 参看《看哪这人》:《快乐的科学》。
3 《查拉图斯特拉如是说》:《舞蹈之歌》。KSA,第 4 卷,第 139 页。
4 《偶像的黄昏》:《四种大谬误》2。KSA,第 6 卷,第 90 页。

舞是飞腾的准备。超越性是战胜人生的悲剧性的保证。在同人生的痛苦战斗时，应当体现出这种超越性。具有酒神精神的人跳着舞越过人生大地上的沼泽和凝重的悲愁。纵使生活之路是苦难之路，可是，一旦我们选定了它，我们就步履轻快地走在它上面。走在自己选定的路上的人必定是跳着舞前进的。相反，步履蹒跚，不正说明内心并不情愿，不正是否定生命的一种表征吗？

舞蹈所象征的超越性，尤其是针对人类一切传统价值的。与"神圣的舞蹈"相对立，尼采用"重力的精灵"象征人类历史的惰性，象征传统的伦理评价。他视"重力的精灵"为一切创造者的魔鬼和大敌。在人类身上，包括在本来有创造力的人身上，背负了太多不相干的评价，因而步履艰难，生命也因此乏味如一堆沙土。[1] 可是，跳舞者能够跳舞于一切陈旧的戒律之上，超越于善恶之外，用自由的舞蹈踏碎一切伦理，使迄今为止人类心目中的一切所谓伟大都沉沦在下。所以，舞蹈又象征着精神从一切传统价值的束缚中解放出来，轻松愉快地享受人生，从事创造，而这本身意味着对人生的充分肯定。尼采称这为"跳舞者的道德"，这种道德使一个人能用他的双足"跳跃在闪着宝石光芒的陶醉之中"。[2]

欢笑象征一种欢快豪放的人生态度。尼采说："我圣化了

---

1 参看《查拉图斯特拉如是说》：《重力的精灵》。
2 《查拉图斯特拉如是说》：《七印记》。KSA，第4卷，第290页。

欢笑。"[1] 欢笑也是神圣的。人生有两个方面：欢乐与悲痛。尼采要求在这两个方面中都能欢笑。一个人不仅对欢乐发笑，而且对失败、对痛苦、对悲剧也发笑，才是具备了酒神精神。因为由生命本身的眼光看来，悲剧原是生自生命的欢乐和力量的过分丰盈。叔本华认为，人生从整体看是悲剧，从细节看具有喜剧性质。[2] 尼采说：不对，从生命整体看，短促的悲剧迟早要归入永恒生命的喜剧，"无数笑的波浪"终于要把最伟大的悲剧也淘尽。[3] 一个人应该感情充溢奔放地活，对一切都兴致勃勃，这才是幸福。[4] 叔本华曾经把人生比喻成吹肥皂泡，谁都想愈吹愈大，结果却是不可避免的破裂。[5] 有趣的是尼采也把人生比喻为肥皂泡，结论却正相反："在爱生命的我看来，蝴蝶、肥皂泡以及与它们相类似的人最懂得幸福。"望着这些轻盈纤巧的小精灵来回翩飞，查拉图斯特拉感动得流泪和歌唱了。[6] 不管生命多么短暂，我们要笑着生，笑着享乐，笑着受苦，最后笑着死，这才不枉活一生。

与舞蹈一样，欢笑也是酒神式战士否定传统伦理的战斗风格。尼采无限向往古希腊社会，在他看来，那是一个没有罪恶感的世界，人们快乐健康地活着，无忧无虑地享受着节

1 　《查拉图斯特拉如是说》：《高贵的人》。KSA，第4卷，第368页。
2 　参看叔本华：《作为意志和表象的世界》，第58节。
3 　参看《快乐的科学》1。KSA，第3卷，第372页。
4 　参看《朝霞》439。
5 　参看叔本华：《作为意志和表象的世界》第57节。
6 　《查拉图斯特拉如是说》：《读和写》。KSA，第4卷，第49页。

庆、宴饮、竞技、艺术、攻战。便是罪恶也有其光荣，而希腊的悲剧艺术就是罪恶与光荣的统一体。[1]可是，敌视生命的基督教伦理把生命的源头弄脏了，享乐成了罪恶。问题的严重性在于，即使反抗旧伦理的战士也往往免除不了这种罪恶感，一边战斗，一边自觉在犯罪，因而显出一副愁苦的脸相。现在尼采要求他们戒除罪恶感，就算对抗旧道德是一种恶吧，它也是一种"欢笑的恶""光明的健全的恶"，它居高临下，向旧道德投去"闪光的侮蔑的大笑"，以大笑杀死"重力的精灵"。[2]酒神精神的先决条件之一是一种确然的欢快，哪怕是在破坏的时候。[3]

欢快豪放的酒神风格还应该体现在思想家的思考和工作之中。尼采认为，真正的思想家总是在灌输快乐和生命，决不带一副懊恼的面色、颤抖的双手、含泪的眼睛。[4]一般人以为思想同欢笑和快乐不能相容，实在是一种偏见。尼采讽刺说："人这可爱的动物一旦好好思考时，似乎总要失去了好心情；变得'严肃'了。"[5]而尼采偏要提倡"快乐的科学"，并以此作为他的一本书的标题。他认为："没有带来欢笑的一切

---

[1] 参看《快乐的科学》135。
[2] 参看《查拉图斯特拉如是说》：《读与写》；《七印记》第6节；《蜜的献祭》。
[3] 参看《看哪这人》；《查拉图斯特拉如是说》8。
[4] 参看《作为教育家的叔本华》2。
[5] 《快乐的科学》327。KSA，第3卷，第555页。

真理都是虚伪的。"[1] 酒神式的思想家如同游戏一样从事伟大的工作,善于"以谐谈说出真理"[2]。

舞蹈的高蹈轻扬,欢笑的快乐豪放,两者作为酒神精神的形象体现,表明酒神精神实质上是一种审美的人生态度。事实上,尼采一开始是从阐释艺术现象着手提出酒神精神的,而当他把酒神精神推广为一种人生哲学时,其审美的实质保存了下来。尼采自己说,《悲剧的诞生》一书所确认的唯一的评价是审美的评价,他以这种评价与历来宗教和伦理的评价相反对,并且名之为酒神精神。[3] 既然生命本身是一种非伦理的东西,要从伦理的角度为它寻找一种意义就只能是徒劳。相反,大自然游戏似的创造着也毁坏着个体生命,颇有艺术家的豪兴。那么,个人除了秉承大自然这位"原始艺术家"的气概,以审美的态度对待生命的喜剧和悲剧,痛快地活,痛快地死,此外还有什么更好的办法呢?随着基督教信仰的瓦解,从前悬在人类头顶的天堂的幻影消失了,人们发现自己生活在一个毫不仁慈的世界中。在这里,现世的苦难不能再用来世的福乐补偿,死去的灵魂不再有超度的希望。用自然科学的眼光冷静地看待生老病死现象吗?可是人有一颗心,不能如此无动于衷。按照叔本华的要求窒息这颗心,灭绝生

---

1 《查拉图斯特拉如是说》:《旧榜和新榜》。KSA,第4卷,第264页。

2 参看《瓦格纳事件》。KSA,第6卷,第11页。

3 参看《自我批判的尝试》5;《看哪这人》:《悲剧的诞生》1。KSA,第1卷,第17、18页;第6卷,第310页。

命欲望吗？可是这样一来人生真的全无意义了。尼采不甘心，勉力寻找，终于从审美中找到了人生的意义。用艺术家的眼光去看待人生吧，这样你就会肯定人生的全部，因为连最悲惨的人生宿命也具有一种悲剧的审美意义。把人生当作你的一次艺术创作的试验吧，这样你无论遇到什么挫折都不会垂头丧气了。你要站在你自己的生命之上，高屋建瓴地俯视你自己的生命，不把它看得太重要，这样你反而能真正地体验它，享受它，尽你所能地把它过得有意义。从中仍然听得出一种悲音，但是与叔本华不同，有了一种力度，增添了一种铿锵壮烈的调子。

强力意志

在一定的意义上可以说，《悲剧的诞生》是尼采哲学的真正诞生地和秘密，作为其中心思想的酒神精神是理解尼采全部思想的一把钥匙。尼采哲学的主要命题，包括强力意志、超人和一切价值的重估，事实上都脱胎于酒神精神：强力意志是酒神精神的形而上学别名，超人的原型是酒神艺术家，而重估一切价值就是用贯穿着酒神精神的审美评价取代基督教的伦理评价。

酒神精神的要义是肯定人生，肯定人生又以生命力的足够坚强为前提。尼采自己越来越强调酒神精神所包含的力的涵义。他说："我是第一个人，为了理解古老而仍然丰盛乃至满溢的希腊本能,而认真对待奇妙的所谓酒神现象:它唯有从力量的过剩得到说明。"[1] 酒神式的陶醉,其本质是"力的提高和充溢之感"[2],是"一种高度的力感,一种通过事物来反映自身的充实和完满的内在冲动"[3]。在这里,酒神精神与强力意志的内在一致是一目了然的。

集中体现了酒神精神的悲剧艺术尤其表明了这一点:"悲剧快感表明了强有力的时代和性格……这是英雄的灵魂,它们在悲剧的残酷中自我肯定,坚强得足以把苦难当作快乐来感受。"[4]

能否肯定人生,关键全在力量。尼采为了肯定人生,提倡酒神精神。他同样还是为了肯定人生,提倡强力意志说。不懂得酒神精神,就不可能懂得强力意志,甚至会发生荒唐的误解。

强力意志,德文原文是 der Wille zur Macht。其中,Macht 为力量之义,但这不是一般的力量,而是强大的力量,因强大而有了支配力、统治力、影响力。介词 zu 为追求、趋向之义。直译应是"求强大力量的意志""强化力量的意志"。译作"权力意志"也未尝不可,只是要正确理解"权力"的

1　《偶像的黄昏》:《我感谢古人什么》4。KSA,第 6 卷,第 158 页。
2　《偶像的黄昏》:《一个不合时宜者的漫游》8。KSA,第 6 卷,第 116 页。
3　《强力意志》,图宾根,1952 年(Friedrich Nietzsche. *Der Wille zur Macht*. Tübingen),第 811 节。
4　《强力意志》852。

含义。在这里,"权力"应是广义的,指一种具有支配作用的强大力量,不能望文生义地把它与权势、权术乃至政治野心等同起来。其实,尼采自己在这些含义上使用 Macht 一词时,往往持贬斥态度:"权势的贪欲""求权力(求'帝国')的意志""权力使人愚蠢""权力的爱好是人生的恶魔"……[1]

强力意志的概念在《朝霞》(1881)一书中已经萌芽。在那里,尼采屡次谈到"求强力的欲望""强力的感觉",并以之说明个人的优异、义务与权利、幸福、善恶等现象。[2]

在《快乐的科学》(1882)一书中,"求强力的意志"这个概念已经明确形成,值得注意的是,它是在同达尔文的"生存竞争"说相对立的意义上提出来的。尼采学说有时被看作一种社会达尔文主义,其实并不符合尼采的原意。"生存竞争"说以生物的自保欲望和生存资料的匮乏为基础。尼采说:"自我保存的愿望是一种匮乏情境的表现,是生命真正的基本冲动受限制的表现,后者追求权力的扩展,在此追求中,自我保存经常遭到质疑和牺牲……在自然中统治的不是匮乏情境,而是过剩、浪费,甚至到了荒唐的程度。生存竞争只是一个例外,生命意志的一种暂时约束;大大小小的竞争到处都是围绕着争优势、争发展和扩大、争权力,遵循着求权力的意志,而求权力的意志正是生命意志。"[3]

---

[1] 参看《快乐的科学》204、262;《偶像的黄昏》:《德国人所阙如者》1;《看哪这人》:《瓦格纳事件》1。
[2] 参看《朝霞》112、113、146、189、356、360。
[3] 《快乐的科学》349。KSA,第3卷,第585—586页。

后来尼采一再批判达尔文的"生存竞争"说及其在社会领域的运用——马尔萨斯主义。他指责"生存竞争"说是一种"片面的"学说，是一种"武断"。他指出，马尔萨斯主义是违背自然事实的，"不应当把马尔萨斯与自然混为一谈"。他反对"生存竞争"说的主要论据有两条。

第一，以匮乏为基础的生存竞争只是作为一种例外情形而发生的。"生命的总体方面与其说是匮乏和饥饿，不如说是丰富、奢华乃至荒唐的浪费。凡有竞争之处，都是为强力而竞争。"

第二，即使在生存竞争确实发生的情形下，竞争的结果也和达尔文学派所断定的相反，总是有利于弱者而不利于强者，物种并不走向完善。因为弱者是多数，而且善于通过忍耐、审慎、伪装、狡诈来保存自己；强者为了追求强力却不惜牺牲生命，较容易毁灭。[1]

这里涉及尼采提出强力意志的两个主要根据。第一，对生命性质的估计：生命的总体方面究竟是匮乏还是丰富？强力意志是以自然界中生命的丰富为前提的。第二，对生命意义的认识：生命的意义在于自我保存，还是在于力量的增强和扩展？在尼采看来，真正的强者不求自我保存，而求强力，为强力而不惜将生命孤注一掷，恰恰体现了生命意义之所在。

---

[1] 参看《偶像的黄昏》:《一个不合时宜者的漫游》14。KSA，第6卷，第120页。

很显然，强力意志说不但是反对达尔文主义的，而且也是——毋宁说首先是反对叔本华哲学的。在叔本华那里，生命意志是一种盲目的应当灭寂的力量。尼采认为，这既误解了生命的性质，也误解了意志的性质。

首先，生命是"必须不断自我超越的东西"。它不能满足于自身，而要不断向上，从高于自身的东西那里去寻求自身的意义和目的。这就是扩展和享受自身所蕴含的力量，借此它克服了自身的限制。叔本华停留在生命本身，不能为它指出一个高于它的依据，所以得出了生命毫无意义的悲观结论。"依'求生存的意志'之教条去寻找真理必然落空，这种意志是没有的！因为不存在者，便不能有愿望；已在生存中者，又岂能向生存有愿望！只是凡有生命之处，便也有意志，然而不是求生命的意志，而是求强力的意志！"强力意志也还是生命意志，然而它追求的不是生命自身，而是使生命得以超越自身的强力，这种对于力量之强大的渴求恰恰表现了生命永不枯竭的本性，所以尼采称强力意志为"永不枯竭的增殖着的生命意志"，并认为它是"生命的核心"。[1]

其次，意志就是支配，"在意志的每个动作中都有一个支配着的思想"[2]，而这意味着意志本身即是内在的强力，它包含着命令和服从的必然性。"求强力"不是意志的附属物，不是

---

1 《查拉图斯特拉如是说》：《自我超越》。KSA，第4卷，第147—149页。
2 《善恶的彼岸》19。KSA，第5卷，第32页。

从外面给意志设定的目标,而是意志的本质之所在。在尼采看来,意志不同于纯粹欲望,后者只是意志的损耗。叔本华恰恰混淆了两者,所以才得出了否定意志的结论。一种不求增强自身力量、但求灭寂自身的意志完全是自相矛盾,无异于说意志不是意志。

由此可见,强力意志概念实际上是尼采对于生命、意志、生命意志的本质的一种说明。在他看来,求力量之增强既是生命的本质,又是意志的本质,从而也是生命意志的本质。通过这一说明,尼采为在叔本华那里无目的无意义的生命意志确定了目的和意义。

强力意志概念在尼采哲学中占有中心地位。一方面,它获得了本体的意义,尼采用它来说明无机界、有机界和人类社会的一切现象,把万物生生不息的永恒生成归结为强力意志。"把存在性质的印记打在生成之上——这就是最高的强力意志。""这个世界就是强力意志,岂有他哉!"[1]另一方面,它获得了最高价值尺度的意义,尼采用它来衡量人类的一切精神文化价值,把真、善、美的评价都看作强力意志的产物。

然而,作为一个人生哲学家,尼采提出强力意志说终归是为了给人生意义问题一个解答。世界不是但求自我保存的消极生命的堆积,而是"一个奔腾泛滥的力的海洋",是"永远在自我创造、永远在自我毁灭的酒神世界"。它在永恒的生成变化中"肯定自己,祝福自己是永远必定回来的东西,是

---

1 《强力意志》617、696。

一种不知满足、不知厌倦、不知疲劳的迁化"。[1]那么，生命的肯定者也应当秉承这世界本体的精神，不是消极地但求生命的保存，而是积极地从事创造，成为精神上的强者。生命的意义不在于活得长久，而在于活得伟大、活得高贵、活得有气魄。强力意志说所倡导的，首先是这样一种奋发有为的人生态度，用尼采的譬喻来说便是："最美好的都属于我辈和我自己；不给我们，我们就自己夺取：最精美的食物，最纯净的天空，最刚强的思想，最美丽的女子！"[2]总之，一切都要最好的，在一切方面成为最优秀者，最强者。为了成为最优秀者，最强者，必须有自强不息的精神。一个人是否足够坚强有力，主要看他能否支配自己。"谁不能命令自己，谁就应当服从。有些人能命令自己，可是离服从自己还差得很远。"[3]这种人绝不是强者。强者还应当热爱战斗，在"生活的战争学校"里磨炼。他没有可蔑视的仇敌，却有值得他骄傲的仇敌。他不畏挫折，未能杀死他的，使他变得更坚强。他很骄傲，而在骄傲受伤时，又生出比骄傲更强大的东西。他有力量夺取的，决不忍受别人给予。争优胜、能自制、爱战斗、富于进取精神，这就是求强力的意志所追求的人生。尼采所要求的是一种富于力感的人生：有力感，才有生命感，才能充分感受和享受生命。"快乐无非就是阻碍对于力感所造成的一种

---

[1] 《强力意志》696。
[2] 《查拉图斯特拉如是说》：《晚餐》。KSA，第4卷，第355页。
[3] 《查拉图斯特拉如是说》：《旧榜和新榜》。KSA，第4卷，第250页。

刺激……使力感因而高涨。因此一切快乐都包含着痛苦。"[1] 强力意志又显出了酒神精神的原形。人生的意义全在于生命力最高限度的发扬,痛苦和刺激提高了生命力,加强了力感和生命感,因而也化作了快乐。生命的本质在于强力,追求并且体验这种强力,也就实现了生命的意义。

永恒轮回和命运之爱

在尼采哲学中,永恒轮回的思想引起了许多争论。有人认为,这一思想是尼采纯粹个人的、宗教式的执信,与强力意志说不可并存,不必加以重视。有人认为,这一思想是尼采的一种幻觉,尼采是在这幻觉的折磨下疯狂的。海德格尔却认为,永恒轮回说与强力意志说有着最内在的统一,忽视永恒轮回说,就不能正确把握强力意志说的形而上学内容。[2]

尼采自己对于永恒轮回说异常重视,把它称为"最深刻的思想""沉思的顶峰"。1881 年 8 月,这一思想孕育之际,他给朋友写信说:"一种思想出现在我的视野中,我还不曾见过与它相像的东西……"[3] 后来他回忆这个时辰,说他当时的

---

1 《强力意志》286。
2 参看海德格尔:《尼采》,第 1 卷,第 18—23 页。
3 致加斯特,1881 年 8 月 14 日。转引自雅斯贝尔斯:《尼采导论》,第 48 页。

"口味"发生了"突然的深刻的改变"。[1]

永恒轮回的思想在《朝霞》中已经萌芽，在《快乐的科学》和《查拉图斯特拉如是说》中做了明确的表述。不管尼采本人开始和后来如何评价这一思想，我们发现，他在陈述这一思想之时，是怀着一种恐怖心情的。

在《快乐的科学》中，尼采把这一思想称作"最大的重负"，并且让一个魔鬼在你最孤寂的寂寞中向你说出它来："这生活，如同你现在经历和曾经经历的，你必将再一次和无数次地经历它；其中没有任何新东西，而是每种痛苦、每种快乐、每种思想、每种叹息，你生活中一切极细小和极重大的事，都必定对你重现，而且一切都按着相同的排列和顺序——就像这树丛里的蜘蛛和月光，就像这瞬间和我自己。生存的永恒沙漏将不断地转动——而你这微尘中的微尘与它相伴随！"[2]

《查拉图斯特拉如是说》多次谈到永恒轮回，每一次都带着梦魇的恐怖气氛。第一次，查拉图斯特拉听到一个预言家如此预言："一切皆虚空，一切皆相同，一切皆曾经有过！"于是他心怀悲伤，饮食俱废，接着做了一个噩梦，梦见棺材裂开，迸发出千种哄笑。[3]第二次，查拉图斯特拉对"重力的精灵"谈论永恒轮回，承认他"惧怕"这个思想，如同做了

---

[1] 遗稿。GA，第15卷，第85页。
[2] 《快乐的科学》341。KSA，第3卷，第570页。
[3] 《查拉图斯特拉如是说》：《预言家》。KSA，第4卷，第172页。

噩梦，梦醒后独自"在最恐怖的月光中恐怖"。他称这思想为"最孤寂的人的幻觉"。[1]第三次，这一思想从查拉图斯特拉的鹰和蛇口中说出："万物消逝，万物复归；存在之轮永远转动。万物死灭，万物复兴；存在之年永远运行。万物碎裂，万物复合；存在之祖宅永远重建。万物分离，万物复聚；存在之环永远忠于自己。存在始于每一瞬间；彼处之球体环绕每一此处旋转。处处是中心。永恒之路是弯曲的。"[2] 它们称查拉图斯特拉是"永恒轮回的教师"，说这是他的"命运"，同时也是他的"危险和疾病"。查拉图斯特拉默认了，并说这是他的"大痛苦"。[3]

事实上，永恒轮回并非尼采的创造，尼采所崇拜的古希腊哲学家赫拉克利特就主张过宇宙按照"大年"（由 10800 个太阳年组成）而永恒循环。尼采自己后来也承认了这种渊源关系。

问题在于，为什么尼采如此看重这个思想，这个思想又为什么像梦魇一样缠着尼采，给他带来如许恐怖和苦恼呢？如果我们把这个思想放到尼采整个人生探索的背景中来考察，答案就清楚了。

---

1 《查拉图斯特拉如是说》：《幻觉与谜》。KSA，第 4 卷，第 198、200、202 页。
2 《查拉图斯特拉如是说》：《痊愈者》。KSA，第 4 卷，第 272—273 页。
3 《查拉图斯特拉如是说》：《痊愈者》。KSA，第 4 卷，第 275—276 页。

在《查拉图斯特拉如是说》中，有一支《坟墓之歌》，实际上是尼采对自己的青春的悼念。其中说道：青春的梦想和美景，爱的闪光，神圣的瞬间，对幸福的眺望，都过早地消逝了。我的仇敌蛊惑了我最宠爱的歌人，使他奏一曲最可怕的哀歌，用这哀歌刺杀了我的狂欢。可是，我的最高的希望尚未实现，甚至尚未说出，我对此如何能忍受？我如何痊愈并克服这样的创伤？我的灵魂如何从坟墓中复活？是的，我心中有一种不可摧毁的力，那就是我的意志。它默默前进，不屈不挠，千载不变……[1] 尼采在这里说的正是叔本华的悲观主义哲学刺杀了他的青春的梦想和快乐，而他一辈子都在用他那不屈不挠的意志克服这创伤。可是，我们看到，这是一个不愈的创伤，尼采骨子里始终是一个悲观主义者。

诚然，尼采为了克服这创伤，曾经花费极大的努力，他的酒神精神和强力意志哲学正是这种努力的产物。然而，在他内心深处，对于人生是否真有意义仍然是怀疑的。"……只有一个世界，这个世界虚伪、残酷、矛盾、有诱惑力、无意义……这样一个世界是真实的世界。为了战胜这样的现实和这样的'真理'，也就是说，为了生存，我们需要谎言……为了生存而需要谎言，这本身是人生的一个可怕复可疑的特征。"[2] 他还说，悲观主义是真理，但是人不能靠真理生活。[3] 原

---

[1] 参看 KSA，第 4 卷，第 142—145 页。
[2] 《强力意志》853。
[3] 参看《强力意志》853；又参看 GA，第 14 卷，第 368 页。

来，世界和人生本身是无意义的，意义是人赋予的，是人为了生存替自己编造的谎言。

在尼采之前，目的论的宇宙观早已被推翻，科学家们自得于对宇宙的机械说明。可是，一个热爱人生的人如何能忍受这样一个无意义、无目的的世界？难道人类和每一个活生生的个人都是这世界上的纯粹偶然的现象，并且终归要永劫不复地被毁灭掉？尼采自己说："为了抵制一种全面崩溃和不知将伊于胡底的令人瘫痪的感觉，我提出了永恒轮回的思想。"[1] 他试图通过轮回之环，把人与永恒结合在一起。[2]

然而，归于虚无不可接受，永恒轮回就可以接受了吗？这真是人生的一大二律背反。一切都照原样重复一次、两次乃至于无数次，没有任何新东西产生，这会使人多么厌倦，世界的意义何在？人生的意义何在？倘若你现在所做的一切，都不过是重复永恒的过去和未来无数次出现的你所做的，你的奋斗和创造、你的痛苦和欢乐，岂非全属无谓而令人沮丧？

尼采提出永恒轮回说，论据类似于能量守恒定律。他说，世界是一种流转易形而总量不变的力，置于一定的空间中，因而其组合不可避免地具有重复性。[3] 这个论据能否站住脚，且不去说，重要的是他本想借此逃避人生虚无的阴影，结果

---

1 《强力意志》417。
2 参看《查拉图斯特拉如是说》:《七印记》1。
3 参看《强力意志》696。

却又陷入了更可怕的梦魇。为了摆脱这个梦魇，尼采诉诸他的"命运之爱"。他勉励自己，不但不逃避必然，而且接受必然，爱命运，如此永远做一个肯定者。[1]

正是出于"命运之爱"，尼采愈来愈把永恒轮回的思想同酒神精神和强力意志结合起来，赋予一种乐观的色调。他解释说，肯定万物的变动和毁灭，肯定矛盾和斗争，生成的观念，酒神哲学中的这一决定性因素，使他达到了永恒轮回的结论[2]；永恒轮回是"肯定所能达到的最高公式"[3]。世界是永恒轮回的强力意志，永恒轮回恰好证明了力的丰盈和生命的不可摧毁。[4]

但是，永恒轮回说毕竟罩着悲观主义的浓密阴影。叔本华的生命意志灭寂说与尼采的强力意志永恒轮回说貌似相反，实则是悲观主义的两端。尼采提倡强力意志说原本要给生命一种意义、一种目的，使生命在力的追求中超越了自身，有新的创造。然而，永恒轮回却断绝了超越和创造的可能性。当尼采强调唯有肯定了永恒轮回之命运才算达到了最高的肯定时，他实际上是说，生命本无意义，人生的肯定者应当按照生命的本来面貌接受生命，把这无意义的生命原原本本地接受下来。在你清醒地看到生命无意义的真相之后，你仍然

---

1 参看《快乐的科学》276。又参看《看哪这人》:《我为何如此聪明》10。
2 参看《看哪这人》:《悲剧的诞生》3。
3 《看哪这人》:《查拉图斯特拉如是说》1。KSA，第6卷，第335页。
4 参看《强力意志》696。

不厌倦它、不否弃它，依然热爱它、祝福它，到了这一步，你方显出你的悲剧英雄的本色，达到了肯定人生的极限。这里面有一种悲壮的气概，但是不可否认，悲壮之后也隐藏着一种绝望的沮丧。

尼采终究是矛盾的。当我们循着他的思想线索继续前进时，我们将常常发现这一点。他提倡思想家应当不断与自己作战，他自己就是这样做的。人们在他的兴奋中可以看出一种病态，在他的悲观中又可以听出一种激昂。他从深谷攀登上高峰，可是深谷仍然包围着他。每个思想家的道路上都布满着陷阱，我们要提防自己不落入他的陷阱，但是谁有权利嘲笑他曾经落入陷阱呢？任何人都可以否认尼采哲学的任何一个论点，可是没有人能够否认，他真诚地思索过人生，他是人生道路上的一位真诚的探索者。

第四章　人－自由－创造

> 有着一千条无人走过的路、
> 一千种健康和一千座隐蔽的生命之岛。
> 人和人的大地始终未经深究，未被发现。
>
> ——尼采

人是天生的猜谜者。他的惊奇的目光所至，无处不是谜，而他置身于其中的宇宙就是一个永恒之谜。可是，到头来他总是发现，最大的谜还是他自己。人的心灵神游乎四海之外，最后又回到自身，对世间这最奇妙的现象凝神思索。

以探索人生意义为使命的尼采哲学，对于人性问题当然也不能不做出自己的回答。事实上，"人怎样生活才有意义"这个问题，与"人是什么"的问题有着最内在的联系。一个哲学家对于人生意义的选择必定以他对人性的某种理解为依据，同时他对人性的理解也必定体现出他关于人生意义的价值观念。

尼采关于人说过许多悲愤乃至轻蔑的话，如果我们断章取义地摘出这些话，难免会造成一种印象，认为尼采是一个敌视人类的反人道主义者。然而，这并不符合事情的真相。尼采诚然对人的现状极为不满，这种不满甚至成为他的哲学思考的一个重要出发点。但是我们应该看到，尼采的不满并非那种冷嘲者的不满，心中没有理想的光，一味怨天尤人。相反，这是一位热望者的不满，他的不满正是出于对人性所包含的可能性的高度估价，出于对一种真正的人的形象的热烈向往。

现代西方哲学的许多流派，包括现代西方马克思主义哲学，对于人性的看法有一个重要特点，就是强调人性的未完成性、开放性和无限可能性，尽管各流派所执论据有所不同。在这一点上，尼采的人性观恰是富有现代特点的。尼采人性观的出发点就是人的本质的未定型，由此而有了人的自我超越性、人的自由和创造性。

也许会发生一个疑问：关于超越、自由和创造的思想，岂非同他的悲观主义相矛盾？是的，的确矛盾。尼采的思想本来就是充满着矛盾的，不过这是活生生的可以理解的矛盾。也许，在他看来，人的自由和超越的本性与世界的无意义之间的冲突，恰恰构成了人的悲剧性命运？也许，他最后把希望寄托在并不存在的"超人"身上，同样也是化装成希望的绝望？

"我放弃了一切，我拥有和宝贵的一切；我什么也不再留下，除了你，伟大的希望！"[1]

---

[1] 诗稿。GA，第8卷，第372页。

"宁愿绝望,胜于投降。"[1]

你看,这就是尼采。

人是一个试验

人是什么?可以从不同层次上回答这个问题。

从宇宙的角度来看人,尼采断然拒绝人类中心论的观念。"在世界上,一小滴生命对于生灭不已的汪洋大海的全部性质来说,是没有意义的。"[2]"地球上的生命是稍纵即逝的,偶然的,是无结果的例外",人是"渺小的昙花一现的物种"。[3]这是自然科学的冷静眼光。这样看人是不会有任何积极结果的,在宇宙的生成变化中,人和一切事物都只是物质的一种暂时形态。

让我们把眼光收回到地球上,把人同他的近邻动物进行比较。尼采说:人是"最残酷的动物""最勇敢的动物""做着判断的动物",等等。[4]可是,具有本质意义的却是:人是"尚未定型的动物"。[5]这一点之所以具有本质意义,是因为人正是借此而同其他动物区别开来,并且战胜了其他动物。其他动物在物种上都已固定,没有发展的自由了。人却不然,

---

1 《查拉图斯特拉如是说》:《高贵的人》。KSA,第4卷,第358页。
2 《人性的,太人性的》第2卷第2部14。KSA,第2卷,第549页。
3 遗稿。GA,第15卷,第364页。
4 参看GA,第6卷,第230、318页;第14卷,第21页。
5 遗稿。GA,第13卷,第276页。

他没有一成不变的既定本质，他可以自己改变自己，塑造自己，创造自己的本质。

尼采一再强调人的本质的不确定性和可塑性。他说："我们人是唯一这样的造物，当我们被造得不成功时，能够把自己涂掉，就像涂掉一个病句。"[1]"人应当把自己看作一个可变的量，其能力在良好环境下也许可以达到最高程度。"[2]"人可以像园丁一样治理自己的冲动……可是有多少人知道这于我们是自由的呢？多数人岂不是深信自己是完成了的既成事实？大哲学家们岂不是用人性不变论给这种成见盖上了他们的印章？"[3]"在人身上，创造物和创造者统一起来了。"[4]

强调人的自我创造，这是马克思、尼采以及许多现代哲学家的共同立场。但是，一旦追问人通过何种途径自我创造，就发生了根本的分歧。马克思认为，人是通过劳动自我创造的，"全部所谓世界史不外是人通过人的劳动的诞生"[5]。尼采则认为，人的自我创造的途径是评价，而且往往是错误的评价。他说："如果没有置于道德假定中的误解，人就仍然是动物。"[6]"人是通过他的错误教育成的：第一，他总是不完全地

---

1 《朝霞》274。KSA，第3卷，第214页。
2 《朝霞》326。KSA，第3卷，第232页。
3 《朝霞》560。KSA，第3卷，第326页。
4 《善恶的彼岸》225。KSA，第5卷，第161页。
5 马克思：《1844年经济学—哲学手稿》，人民出版社，1976年，第84页。
6 《人性的，太人性的》第1卷40。KSA，第2卷，第64页。

看自己；第二，他给自己加上虚构的特征；第三，他在一种对动物和自然的错误等级秩序中感觉自己；第四，他不断发明新的价值表，并在一段时间里把它当成永久和绝对的，于是，时而这种时而那种人类的冲动和状态居于首位，因为这种评价而被高贵化了。如果除去这四种错误的作用，也就没有了人道、人性和'人的尊严'。"[1]

尼采没有去考察人性形成的客观社会机制，他注重的是人性形成的内部心理机制。在他看来，既然人是未定型的动物，面临着向各种不同方向发展的无限可能性，那么，究竟向何种方向发展，何种可能性得到实现，就取决于人自己的价值定向，评价就具有了决定性的意义。评价，也就是赋予意义，赋予生命以目的。动物只有求生的本能，它只是"盲目而愚昧地执着于生命，没有任何更高的目的"[2]。人则不然，他要赋予生命以高于生命的目的，他要肯定自己在宇宙中的价值。尼采对于人的这个特征有着矛盾的评价。一方面，他认为这是人的幻想和错觉，是人对自己说谎。用宇宙生成变化的眼光看，人毫无价值，可是人偏要误解自己，以为自己是"不自由的世界上的自由者""永恒奇迹的制造者""超动物""准上帝""造物的意义""宇宙之谜的谜底"，等等。[3]这样，人就是"不断说谎的、艺术的、不透明的动物"。[4]另一方

---

[1] 《快乐的科学》115。KSA，第3卷，第472页。
[2] 《作为教育家的叔本华》5。KSA，第1卷，第378页。
[3] 《人性的，太人性的》第2卷第2部12。KSA，第2卷，第548页。
[4] 《善恶的彼岸》291。KSA，第5卷，第235页。

面，尼采又认为这样的说谎乃人性之必需，人正是通过幻想和误解而成为人的。生命本无意义，要赋予它以意义，怎么能不说谎？"为了生活，我们需要谎言。""'生命应当产生信仰'，如此提出的任务是艰巨的。为了解决这个任务，人必须出自本性地已经是个骗子。""误解人生的性质，这是在道德、科学、虔信、艺术所有这些东西背后的最深最高的秘密意图。"[1] 问题在于，人必须为自己的生活确立一个目的，赋予自己的生存以超生物学的意义，他才能像人那样地生活；当他的生存缺少一个目的、一种意义之时，他就感到自己只是动物。用自然的眼光看，这样的目的、意义是谎言，是人的自我欺骗。可是，就算是自我欺骗，却也有其并非虚幻的作用。幻想也能成为真实的动机，产生实在的效果。"通过对自己的起源、自己的独特、自己的使命的误解，通过根据这误解提出的要求，人类抬高了自己，不断地'超越'了自己……"[2] 人类的全部文化价值体系，人性区别于动物性的全部高贵品质，实际上都建立在人的生命具有高于生命本身的目的、意义这样一个"谎言"的基础之上。

这里我们应当注意，尼采所说的"谎言""误解"都是从自然界的眼光来说的。他把自然界的"真理"体系与人类社会的"价值"体系区分开来，在他看来，人类中心论在自然界的"真理"体系中只是一个"谎言"，在社会的价值体系

---

1 《强力意志》853。
2 《朝霞》425。KSA，第 3 卷，第 261 页。

中却是一个不可缺少的前提。如果人类不是自视过高,对于自己在宇宙中的地位怀有特殊信念,就会失去了向上的动力。随着基督教信仰的崩坏,人类中心论已经丧失了"真理"的资格。"真理"是令人沮丧的:人类并不神圣,既非宇宙的中心,亦非万物的目的,而只是大自然的偶然产物,并且将必然地归于消灭。可是,人类并不因此陷于悲观主义泥潭而不能自拔。因为,尼采解释说,悲观主义是"真理",但"真理"并非最高的价值标准。对于人类来说,求假象、求幻想、求欺骗的意志比求真理、求现实、求存在的意志更深刻,更本原,更"形而上"。[1] 人必须有意义才能生存,他也就果然发现了意义。人的这种寻求意义的天性是任何悲观主义的"真理"摧毁不了的。

人的未定型性和寻求意义的执拗性正是人的伟大之处。"他必定比其他一切动物的总和更多地冒险,革新,反抗,向命运挑战:他,这伟大的自我试验者,这试图最后统治动物、自然和神祇的不知足者,贪婪者——他,这永不驯服者,永向未来者。"[2] 尼采不止一次地把人说成拿自己做试验的存在物,人的这种特性使人成为"受苦的造物",[3] 因为在探索多方面的可能性时,必然"充满矛盾的评价,从而充满矛盾的动机"。[4] 但是,尽管痛苦,终归值得,人因此而更显其伟大。

1　《强力意志》853。
2　《道德的谱系》第3章13。KSA,第5卷,第367页。
3　《朝霞》425。KSA,第3卷,第261页。
4　遗稿。GA,第15卷,第335页。

然而，人的伟大之处也正是他的危险所在。拿自己做试验是一件严肃的事情，人肩负着对于自己的重大责任。每一次试验，无论成败，都会化为自己的血肉，成为人性的组成部分。评价和寻求意义的行为非同小可，选择一种可能性意味着排斥了其他的可能性。20世纪美国诗人弗洛斯特有一首题为《未选择的路》的短诗，大意是：黄昏的树林里分出两条路，我选择了其中一条，留下另一条待改日再走。可是我知道每一条路都绵延无尽头，一旦选定，就不能返回，从此决定了一生的道路。个人的人生之路如此，人类的人性之路又何尝不是如此？使尼采感慨的是，人类的试验有着太多的错误："迄今为止，精神如同道德一样，成百次地试验而成百次地迷误。是的，人是一个试验。唉，许多无知和错误化作了我们的躯体！"[1] 人类能够通过价值定向而选择自己的道路，这原是人类超出动物的优越之处。可是，"在与动物的斗争中使人赢得胜利的东西，同时却导致了危险的病态的发展"[2]。这里涉及了尼采对传统道德的看法。他认为，传统道德的根本错误在于否定生命、否定本能，导致人类的病态的虚弱。在尼采看来，人类本来应该好好利用自己的未定型，塑造出更健康更坚强的人性。本能是塑造的基础，创造生命的意义以肯定生命为前提。可是，在传统道德的价值观念支配下，人

---

[1] 《查拉图斯特拉如是说》：《赠予的道德》。KSA，第4卷，第100页。

[2] 遗稿。GA，第13卷，第276页。

类的生命力遭到压制，本能遭到摧残，结果人不是朝比动物强健的方向发展，反而朝比动物孱弱的方向发展了。他讽刺道："我担心动物把人看作它们的同类，但是以最危险的方式丧失了健康的动物理智——看作疯癫的动物、嬉笑的动物、啼哭的动物、不幸的动物。"[1]他常常把人喻作一种病："地球有一层皮肤；这皮肤有病。例如其中一种病就叫作'人'。"[2]传统价值观念的另一重大失误是扼杀人的探索精神和创造特性，"通过编造群氓借以生长的种种德行"，发展"人类中的畜群"，人又重新变成业已定型的动物。[3]在尼采看来，人类在自己所面临的种种可能性之中，应当选择这样一种可能性，它为新的可能性提供了更加广阔的天地。也就是说，人应当永远是不定型的，人的每一个自我创造的行为都同时创造出了再创造的自由。为此尼采提倡一种新型的创造者的道德，这种道德鼓励个人的进取开拓精神。

如此看来，尼采的人性观以肯定人的生命本能为前提，以主张人的超越性为归宿。他之否定旧道德，正是因为旧道德同时否定了这前提和这归宿。人要为自己的生命提供一种意义，这意义超过生命本身的意义；人的自我创造需要一个目标，这个目标高于人自身：这就是人的自我超越性。"创造一个比我们自己更高的本质即是我们的本质。超越我们自

1　《快乐的科学》224。KSA，第3卷，第510页。
2　《查拉图斯特拉如是说》：《大事件》。KSA，第4卷，第168页。
3　遗稿。GA，第14卷，第66—67页。

身！这是生育的冲动，这是行动和创造的冲动。正像一切意愿都以一个目的为前提一样，人也以一个本质为前提，这本质不是现成的，但是为人的生存提供了目的。"[1] 它"超越人的整个族类而树立在那里"。[2] 尼采认为，人的价值即在于超越性。"今后能使你们光荣的不是你们从何处来，而是你们向何处去！你们的意志和你们的脚愿超越了你们自己——这将成为你们的新的光荣！"[3] 自我超越的目标，尼采曾以种种形象加以譬喻：犹如群鸟奋飞，前赴后继，欲飞过大海，去到人类日光落没的未知之地；[4] 又如登山者攀登绝顶，欲飞向头顶清澄幽深的苍天。[5] 总之，那是一个并不明确的目标。尼采后来把它概括为"超人"，不过，连"超人"也只是一种象征和譬喻，尼采自己并不能说清它的确切含义。其实，尼采强调的是人的自我超越性，人之为人就在于超越自己，至于超越的目标是阙如的。这里又透露了尼采的悲观主义隐衷。一个更确凿的证据是，在《查拉图斯特拉如是说》这部集中宣扬了"超人"说的著作里，我们同时可以读到关于"超人"之虚幻性的悲叹。在那里，尼采把"超人"看作云雾中的彩色玩偶，

---

1 遗稿。GA，第14卷，第262—263页。
2 遗稿。GA，第14卷，第261页。
3 《查拉图斯特拉如是说》：《旧榜和新榜》。KSA，第4卷，第255页。
4 参看《朝霞》575。
5 参看《查拉图斯特拉如是说》：《日出之前》。

诗人的一个梦幻。[1]

尼采脱离人的社会历史进程考察人性，因而不可能为人性的进步指出一个现实的方向。尽管他渴望超越和自由，可是心有余而力不足，留给我们的只是苍天般的迷惘和云朵般的飘忽之感。他告诉我们，人应该永远不满足于现状，人的眼光永远要投向高处和远处。至于如何向高处攀登，向远处走去，那路径却不是他所能指点的了。

意愿使人自由

决定论与意志自由论之间的争论是哲学中最古老的争论之一。同时，它又是最恼人的争论之一。几乎没有一个哲学家不被这个问题所困扰，不在内心中和自己进行着这一场争论。当然，这并不奇怪，因为问题本身的性质至关重要，直接关系到对人及其在宇宙中的地位的理解。在哲学史上，断然主张绝对决定论的哲学家有之，断然主张绝对自由论的哲学家为数微乎其微，而两者都有着明显的偏颇性。我们发现，许多哲学家动摇于两者之间（如斯宾诺莎、伏尔泰由意志自由论转向决定论），或者试图在两者之间寻求某种折中和结合（如康德、费希特把人分为两部分，现象界的人受因果律支配，本体界的人有意志自由）。有趣的是，号称唯意志论哲学

---

[1] 参看《查拉图斯特拉如是说》：《诗人》。KSA，第6卷，第164页。

家的叔本华和尼采也都并不主张意志的绝对自由,相反是反对意志自由论的。

叔本华承继康德,认为现象界的人并无意志自由。但是,在康德那里,意志自由尚作为一个公设替本体界的人保留着,这种自由尽管不可证实,却是在人的尘世的道德生活中实际显示出来的。叔本华对于这种本体界的人的意志自由也予以否认,因为在他看来,人根本就属于现象界,仅是世界意志的个体化形式。每个人的意志即是每个人本来的自我,都是已被决定了的既成物。问一个人的意志能否自由,就等于问他能否成为不是他的另一个人。意志唯有摆脱它的现象形式,回到本体界,作为世界意志,才是自由的。可是,在本体界中并无人的位置。所以,叔本华把人自愿灭寂自己的意志从而摆脱世界意志的支配看作唯一的解救之道。

尼采否认意志自由,出发点与叔本华迥然不同。

第一,他试图对作为一种心理能力的意志进行分析,揭示其潜在的心理机制。斯宾诺莎认为,人之所以觉得意志是自由的,是因为他只能感知自己的意愿,而对于决定这意愿的原因一无所知。尼采赞同这一见解。他责备叔本华不曾分析过意志,其实,愿望只是一种弄得非常巧妙的机械装置,而这种机械装置的整个运行过程往往不被我们意识到。[1] 尼采对于人的心理中的无意识领域有深刻的洞察,我们将在后面加以论述。

---

1 参看《快乐的科学》127。

第二，尼采否认意志自由是为了批判基督教的伦理观念。意志自由论强调人的意志的自律，人可以自由地决定自己的意愿并且进而支配自己的行为。这一思想有两方面的作用：一方面加重了个人对于自己行为的责任，尼采其实并不反对这一方面；另一方面却也开脱了社会或上帝（假如有上帝的话）的责任，而把一切罪恶归于个人，正是这方面的作用被某些基督教思想家所利用（例如奥古斯丁），因而为尼采所坚决反对。在这些基督教思想家看来，上帝是至善的，人可以秉承造物主的意旨而为善，也可以出于自己的意志而为恶，因此人必须为自己的恶行赎罪和受惩。尼采指出："意志的学说实质上是为惩罚的目的，也就是寻找罪恶的愿望而发明的……人被认为是'自由'的，以便能够加以判决和惩治——以便能够成为有罪的……基督教是刽子手的形而上学。"[1]

我们看到，无论康德、叔本华还是基督教，在主张或反对意志自由这一点上有别，却有一个共同点，就是认为人有某种超验的本质。对于康德来说，人的超验本质即是人的"真我"（本体界的人），人因此而有超验的意志自由。对于基督教来说，人性中超验地包含着上界的善和下界的恶（"原罪"），人的自由是一种超验的赎罪和皈依上帝的自由。对于叔本华来说，人作为意志的现象形式超验地是不自由的，不自由是人的宿命。尼采却坚决反对人有任何超验本质的说法，

---

[1] 《偶像的黄昏》：《四种大谬误》7。KSA，第6卷，第95页。

他之反对意志自由,正是反对基于人的超验本质的超验的意志自由。根据同样理由,他也反对超验的决定论。

尼采写道:"我们的学说是什么呢?——没有谁能把人的特性给予人,无论上帝、社会,还是他的父母和祖先,以及他自己……没有谁可以对下述情形负责:他存在了,他是这样的和被造成这样的,他在这样的环境中生活。他天性的命数不能由一切已然和将然的命数来解决。他不是一个意图、一个意愿、一个目的的产物,不能用他尝试去实现一种'人的理想'或'幸福的理想'或'道德的理想'——想要按照任何目的铸造他的天性是荒谬的。我们发明了'目的'概念,实际上目的阙如……某人(Man)是必然的,某人是命运的一片断,某人属于全,某人在全之中——没有任何东西能判决、衡量、比较、责难我们的存在,因为这意味着判决、衡量、比较、责难全……然而无物在全之外!——没有人再要对存在的种类不可追溯到一个第一因负责,对世界是既非感觉又非'精神'的统一体负责,这才是伟大的解放——生成之无罪由此才确立起来……'上帝'概念迄今是对生存的最大异议……我们否认上帝,我们否认对上帝的责任:我们以此才救赎了世界。"[1]

这段话值得加以完整的摘引,因为它对于我们理解尼采的人性观和自由观实在是太重要了。其要点是:第一,人没有任何超验本质,没有任何先天或后天的既定本质,上帝不

---

[1] 《偶像的黄昏》:《四种大谬误》8。KSA,第 6 卷,第 96—97 页。

必说，社会的影响、祖先的遗传，乃至每人自己的经历，都不能把一成不变的"人的特性"给予人；第二，人也没有任何超验的目的；第三，每个人都属于不断生成变化的宇宙之"全"，生成是无罪的，人并无任何超验的罪恶以及赎罪的责任。

结论是什么呢？

人没有超验的本质，因而也就没有超验的自由和不自由，因而也就有了非超验的自由，他在任何时候都可以重新创造自己的本质。人没有超验的目的，目的是阙如的，因此目的要由每个人自己来确立。最重要的是，人没有超验的罪恶，宇宙的生成变化超于善恶之外，并无一个道德目的，被抛到这个生成之流中来的个人同样超于善恶之外，在他头顶上并无一个"绝对命令"或至高无上的道德准则，他的行为全由自己决定，自己衡量。以某种超验的道德目的为归宿的超验的意志自由终止之处，非超验的因而也是真正的自由的地平线呈现在眼前了。

历来意志自由的命题都是为论证人的道德责任服务的，尼采要否定的是这样的意志自由。在他看来，恰恰在道德领域内，人的一切意愿和行为都是可以用决定论加以说明和得到辩护的，因而不能允许借意志自由之名加人以罪责。但是，一旦超出道德的领域，当个人的意志真正秉承了世界意志生成变化之真谛，意志反而有了自由。这就是创造的意志。

尼采把宇宙的生成变化看作世界意志的创造行为，与此相应地，也把人的创造行为看作个人意志对于宇宙生成变化的自觉体现。所以他说：时间和生成是"一切无常的赞美和辩护"，而创造者则是"一切无常的代言人和辩护人"。创造者的意志永远向往着生成，生成即是自由。在这个意义上，他说："意愿使人自由：这是意志与自由的真义。"[1]

尼采一再说，意志是一个"解放者""创造者"，"你能够，因为你意愿"，"意愿解放人，因为意愿就是创造"。[2] 他之所以如此强调意志和意愿的作用，是因为在他看来，传统的伦理道德恰恰阻止人们意愿，扼杀了自由的可能性，因而敢于意愿是争取自由的先决条件和决定性一步。一切既定的关于善与恶的评价凌驾在人类头上，向人类发出"对于奴隶的箴言"："你应当，因为你不能不！""你们不应当意愿！"[3] 习惯的力量如此强大，使得意志这个解放者自己也成了"囚徒"。这束缚着意志的牢狱便叫作"它已经如此"。传统的价值体系已是既成事实，借助历史的惰性紧紧束缚着人们的意志。"意志不能向后意欲；不能割断时间和时间的贪欲——这是意志的最孤独的苦恼。"[4] 这里似乎面临了必然与自由的古老的二难推理：某一意愿本身是一系列因果关系的产物，而要改变这因果系列的方向又须首先有此改变的意愿。解放者自己是个囚

---

1 《查拉图斯特拉如是说》：《在幸福岛上》。KSA，第4卷，第110—111页。

2 参看GA，第6卷，第206、208、295、301页。

3 《查拉图斯特拉如是说》：《旧榜和新榜》。KSA，第4卷，第253、258页。

4 《查拉图斯特拉如是说》：《拯救》。KSA，第4卷，第180页。

徒，谁来解放解放者呢？尼采的回答是：解放者自己解放自己，意志自己解放自己，这解放的方式便是把"它已经如此"变为"我愿它如此"。[1]这无异于说，既成的一切不再是与我的意志无关的，相反是我的意志所意愿的，因而也可以由我的意志来改变。囚徒一旦把牢狱看成是他自己制造的，他也就有勇气把它拆除，成为真正的解放者了。尼采的本意是要指出，意志本身就构成价值世界因果联系的关键一环，创造者的意志把一切既成价值置于自己的意愿之下，从而可以着手改变。

当然，既然可以"我愿它如此"，那么也可以"我愿它不如此"，关键是要使意志认识到自己的力量，并非提倡一种阿Q式的精神胜利法。尼采曾经形象地讽刺这种精神胜利法。一个人停不住车轮，便说："我要它转。"另一个人打架时被打倒在地，便说："我要躺在这里。"[2]这样的"我要"不过是对意志与自由的嘲笑。

那么，在尼采看来，自由的含义究竟是什么呢？

《查拉图斯特拉如是说》的第一篇是《精神的三种变形》，我们不妨看作尼采对于精神获得自由的三个阶段的描绘，同时也可看作自由的三个规定性。

首先，精神是骆驼，强健而能负载，"它的强健要求着重

1　《查拉图斯特拉如是说》:《拯救》。KSA，第4卷，第180页。
2　《朝霞》124。KSA，第3卷，第116页。

的和最重的重负"[1]。这就是说,自由的前提和第一个规定性是生命本能的强健,意志的坚强有力。这与强力意志的含义一致。意志的力度决定了自由的程度,而这种力度的标志是意志对自我的支配和对阻力的抵抗。

"你说你是自由的?我愿听你的支配的思想,而不是你从轭下逃脱了。"不能支配自己的人应当服役,一旦离弃了他的服役就失去了他的全部价值。所谓支配自己就是:"你能给你自己以你的恶和你的善,将你的意志如同法律高悬在你之上吗?你能做你自己的法官和你的法律的复仇者吗?"[2]尼采认为,意志软弱者无权自由,不能命令自己和服从自己的人应当受令于人和服从别人。"你们要支配自己是太软弱了,所以应该有一专制暴君来驾驭你们,吆喝道:'听话!''推磨!听话!'——一切善恶都应淹没在对他的服从之中。"[3]在尼采看来,人类的大多数始终未成熟到可以自由的程度,所以"始终还是少数人的时代"。[4]重要的不是"从何而自由",而是"为何而自由"。[5]许多人并无创造的意愿,把自由理解为摆脱一切责任,结果所谓的"自由"一旦到手,精神倍感空虚。现代西方社会中不是已经响起"逃避自由"的呼喊了吗?

尼采认为,自由绝非放任,把自由视同放任也是本能衰

1 　KSA,第4卷,第26页。
2 　《查拉图斯特拉如是说》:《创造者之路》。KSA,第4卷,第81页。
3 　遗稿。GA,第12卷,第274页。
4 　《人性的,太人性的》第2卷第2部。GA,第3卷,第371页。
5 　《查拉图斯特拉如是说》:《创造者之路》。KSA,第4卷,第81页。

退的表现。"什么是自由?就是一个人有自己承担责任的意志;就是一个人坚守分离我们的距离;就是一个人变得对艰难、劳苦、匮乏乃至对生命更加不在意;就是一个人准备着为他的事业牺牲人们包括他自己。自由意味着男性本能、好战喜胜本能支配其他本能,例如支配'幸福'本能。"[1]

尼采反对从道德立场来追究自由意志的责任,可是,只要不是把自由理解为放任,自由就必然意味着责任。那么,向谁负责呢?尼采提出了"自我责任"的概念。每个人应当向自己负责。他也曾谈到对生命负责,每个有幸得到生命的人应该给生命以最好的报答。更严重的责任是从永恒轮回的角度提出来的:你的每一个行为都必须值得在无限的未来重复无数次。"你愿意再一次并且无数次地这样吗?"这个问题是加在行为上的最重的负担。[2] 生成之无罪替人解除的道德责任,又由永恒轮回的宿命重加于人了。不过,这样论证责任问题显然是勉强的,轮回不自你此刻的行为始,毋宁说你此刻的行为只是过去无数次发生过的行为的重复,自由何在,责任又何在呢?莫非自由和责任本身仅是与命运、与轮回的因果链条的抗争?

意志的力度和自由度不仅表现在自我支配和自我责任,而且表现在与阻力抗争。"自由人是战士。——在个人抑或在

---

[1] 《偶像的黄昏》:《一个不合时宜者的漫游》。KSA,第6卷,第139页。

[2] 《快乐的科学》第341节。KSA,第3卷,第570页。

民族，自由依据什么来衡量呢？依据必须克服的阻力，依据保持在上所付出的努力。自由人的最高类型必须到最大阻力恒久地被克服的地方去寻找：离暴政五步远，紧挨被奴役的危险。"[1]许多人把自由理解为阻力的不存在，尼采的看法恰恰相反。自由存在于克服阻力的过程之中：没有阻力，即没有自由；阻力越大，自由也越大；阻力一旦被克服，自由便结束，需要新的阻力以实现新的自由。人类之所以是自由的动物，正是因为人类需要与最严酷的命运抗争才能生存和发展。在这里，自由也就是生命力的振奋与陶醉，恰与尼采的人生哲学是一脉相通的。

总之，自由的第一个规定性是力量，是意志的坚强有力。

其次，精神是狮子，它要夺得自由，成为自己的沙漠之王。为了自由，首先要战胜原来的王——巨龙"你应"，即一切既有的评价，而喊出"我要"，如此"给义务一个神圣的否定"，"为新的创造创造了自由"。[2]自由的这一个方面是否定性的，是意志通过它的意愿否定现有的价值体系。"同他的过去决裂（反对祖国、信仰、父母、同事），同被驱逐者交往（历史上的和社会上的）；推翻被尊敬的，赞同被禁绝的……"[3]所以，自由的第二个规定性是评价，是意志摆脱一切既有价值而独立。

---

1 《偶像的黄昏》：《一个不合时宜者的漫游》。KSA，第6卷，第140页。
2 《查拉图斯特拉如是说》：《三种变形》。KSA，第4卷，第30页。
3 遗稿。GA，第13卷，第41页。

最后，精神是赤子，它给生命一个"神圣的肯定"，从事"创造的游戏"。[1] 创造，意志通过创造而投入生成，与世界意志相融合，这是自由的第三个规定性。

力量是自由的前提，评价和创造是自由的真义。要把握尼采的人性观和自由观，关键是弄清他对评价和创造的看法。

评价就是创造

歌德说过，创造是人的天性的最内在的性质。在这一点上，尼采继承了歌德的传统。在他看来，如果要用一个词概括人的本质和使命，那就是"创造"。创造是人的本质的存在方式，是人的本质的实现，是人生意义之所在。

自由可以归结为创造。"只有在创造中才有自由。"[2]

超越可以归结为创造。"作为创造者，你超越了你自己——你不再是你的同时代人。"[3]

幸福可以归结为创造。"唯一的幸福在于创造。"[4] "我们的幸福不在于认识，而在于创造。"[5]

认识可以归结为创造。"人们甚至不该去认识一个事物，

---

[1] 《查拉图斯特拉如是说》：《三种变形》。KSA，第4卷，第31页。
[2] 遗稿。GA，第12卷，第251页。
[3] 遗稿。GA，第12卷，第252页。
[4] 遗稿。GA，第12卷，第361页。
[5] 遗稿。GA，第10卷，第146页。

除非能够创造了它。同时,如果想要认识一些真实的东西,这也是唯一的手段。"[1] 求真理的意志即创造的意志,它要"一切转变成为人可想之物、人可见之物、人可感知之物"。人用他的理智、概念、意志、爱创造了人自己的世界。[2]

尼采把创造看作"痛苦的大解救和生命的慰藉",尽管作为一个创造者,自己必定备尝更深的痛苦,历经更多的磨难,但这是值得的,创造的人生是最值得一过的人生。他满怀深情地写道:"我经历了一百个灵魂、一百个摇篮、一百次分娩的阵痛。我经受了许多回诀别,我知道最后一刻的心碎。可是我的创造的意志、我的命运甘愿如此。或者更确切地说,正是这样的命运为我的意志所意欲。"[3]

创造是人的最大骄傲,在创造者面前,没有上帝和神的立足之地。"倘若有神,我如何能忍受不做一个神!所以神是没有的。"创造的意志"引我远离上帝和神;倘若有神存在,如何还能创造"![4]

那么,究竟什么是创造呢?我们发现,尼采又把创造归结成了评价。"评价就是创造……评价本身就是被评价之物的

---

[1] 遗稿。GA,第10卷,第410页。
[2] 《查拉图斯特拉如是说》:《在幸福岛上》。KSA,第4卷,第109—110页。
[3] 《查拉图斯特拉如是说》:《在幸福岛上》。KSA,第4卷,第111页。
[4] 《查拉图斯特拉如是说》:《在幸福岛上》。KSA,第4卷,第110、111页。

财富和珍宝。评价然后才有价值；没有评价，生存之果是空的。"[1]他称创造者是粉碎旧的价值榜、"把新价值写在新榜上的人"[2]，是"发明自己的道德的人"[3]。他说："还没有人知道什么是善恶，除了创造者！创造者是创造人类的目标并给大地以意义和未来的人，他首先创造了善和恶。"[4]

这里的问题涉及尼采对于人与周围世界的关系的基本看法，也就是涉及尼采的哲学认识论观点。尼采是不承认客观真理的。他认为，人与周围世界的关系只是一种价值关系，真理只是一种价值判断，认识只是评价。人仅仅从自己的需要出发去认识事物，人出于本性就是价值动物。"一定要有一堆信念，必须要有所判断，要对一切重要的价值没有怀疑：这是一切生物及其生存的前提。因此必要的是必须把某物看成真的，而不是某物是真的。""我们是把我们的保存条件投射出去，当成了一般存在的属性。"[5]人就这样为自己创造了一个价值世界。所以尼采说："今日世界上任何有价值的东西，都不是因其本性而自在地有价值的——本性总是没有价值的——而是一度被给予和赠予价值的，我们就是这给予者和赠

---

1 《查拉图斯特拉如是说》：《一千零一个目标》。KSA，第4卷，第75页。
2 《查拉图斯特拉如是说》序。KSA，第4卷，第26页。
3 《查拉图斯特拉如是说》：《创造者之路》。KSA，第4卷，第82页。
4 《查拉图斯特拉如是说》：《旧榜和新榜》。KSA，第4卷，第247页。
5 《强力意志》272。

予者！我们首先创造了这个世界，这个和人有某种关系的世界！"[1] 他进而给人下了一个新的定义：人是评价者。"人首先把价值置于事物中以维护自己——他首先为事物创造出意义，一种人类的意义！因此他称自己为'人'，即评价者。"[2]

由我们的眼光看，尼采似乎夸大了认识中的价值成分，而抹杀了其中的科学成分。但是，尼采的着眼点是人生。他认为，对于人生来说，是否精确地看清世界的真相并不重要，价值观点却具有头等重要的意义。"趣味和口味无可争论吗？但全部人生就是趣味和口味的争论！"[3] 因为趣味，也就是评价，恰恰决定了人生的道路，决定了人类的发展方向。

然而，问题仍然存在：评价究竟有没有一个客观标准？尼采是从两个不同的层次上来解决这个问题的。

从宇宙生成变化的角度看，人并无一个超验的目的，"目的的安排是一种幻觉"。目的的阙如，意味着评价标准的阙如。一切价值都是相对的，一切目的都是人为的，在宇宙本体中找不到任何根据。在这个意义上，尼采说："一切都是假的！什么都可以做！"[4] 人作为评价者有着按照任何目的来塑造自己的充分自由。尼采以这种方式论证了创造的自由。

从生命的角度看，评价又有客观的标准，这标准就是生

1　《快乐的科学》301。KSA，第3卷，第540页。
2　《查拉图斯特拉如是说》：《一千零一个目标》。KSA，第4卷，第75页。
3　《查拉图斯特拉如是说》：《高超的人》。KSA，第4卷，第150页。
4　《强力意志》294。

命本身。既然人类是为了自身的生存和发展而同外界发生认识关系即价值关系的,那么,促使生命力强健的便是善,导致生命力衰退的便是恶。这样,求强力的意志就成了尼采所承认的最高的价值标准。

在尼采看来,既往的评价恰恰背离了这个标准,所以他要求创造者首先做一个破坏者。"那必须在善与恶之中做一个创造者的人,真的,他必须首先做一个破坏者,粉碎一切价值。所以最高的恶属于最高的善,然而这是创造的善。"[1]但是,尼采反对无创造的纯粹破坏。他指出:我们"只是作为创造者"才能够破坏。[2]他警告创造者,要防止变成一个傲慢者、冷嘲者、纯粹的破坏者。[3]为了避免这种结局,创造者必须有信念和爱。"谁必须创造,谁就始终有他的真理之梦和北斗星——他的坚定信念!"[4]一切创造者都把他自己奉献给他的爱。[5]这便是"创造者、爱者、破坏者的伟大综合"。[6]

让我们来回顾一下。尼采对人的理解的出发点是人的未定型性,由此而有了人向各种方向发展的可能性。正因为如此,评价就有了头等重要的意义,因为选择一种价值就意味

---

[1] 《查拉图斯特拉如是说》:《自我超越》。KSA,第4卷,第149页。
[2] 《快乐的科学》58。KSA,第3卷,第422页。
[3] 参看《查拉图斯特拉如是说》:《依山之树》。KSA,第4卷,第53页。
[4] 《查拉图斯特拉如是说》:《教化地带》。KSA,第4卷,第154页。
[5] 参看《查拉图斯特拉如是说》:《同情者》。KSA,第4卷,第130页。
[6] 遗稿。GA,第12卷,第412页。

着实现一种可能性,从而关系到人类有何种基本面貌。自由在于创造,创造在于评价,尼采提醒我们不要忘记我们手中握有通过评价决定人类自身命运的自由。尼采关心的是人类的精神文化世界,他孜孜以求的是要改善人类的精神素质,造就一个有生机有力度的社会。在他看来,这个目标能否实现,关键在于人类能否树立起一种新的价值观念。毫无疑问,即使是人类的精神文化世界的改造,也非单靠评价的改变所能奏效的,而需要各方面条件的具备。但是,人的意志和价值定向至少作为重要的动因之一,参与了作用于历史过程的合力,并对这一过程的走向产生影响。至于在精神生活领域中,价值观念的意义就更大了。现代西方人精神世界中所发生的重大变化,其根本原因当然只能从社会的经济政治变化中去寻找,但是我们难道听不见尼采的"重估一切价值"的号召在那里的悠久回响吗?

第五章 "自我"的发现

>   你是一个自转的轮轴吗?
>   你能使星辰围绕着你旋转吗?
>
>   ——尼采

自从中世纪的丧钟敲响以来,西方人的精神上似乎经历了两次重大发现:第一次是人的发现,第二次是"自我"的发现。

文艺复兴时代,当神的虚幻光芒渐渐熄灭的时候,人的太阳升起了。人们睁开眼睛,仿佛从一个漫长的梦中醒来,惊喜地端详自己,第一次发现自己有一副多么美妙强壮的躯体。抬起头来,但见拉伯雷的德廉美修道院墙上大书特书着唯一的院规:"做你自己想做的事!"想做的事有多少呵,冻结了一千年的尘世生活解冻了,活动吧,创造吧,尽情地享受吧……

曾几何时,一种新的惘然若失之感在人们心中滋生。堆积的物质财富,喧闹的都市生活,钟表式的分工,忙碌而刻板的日常活动,人们感到在其中失落了一点什么。从前,人为自己的灵魂得救牺牲了尘世生活；现在，人为尘世生活又牺牲了自己的灵魂。好像经历了一次否定之否定，人们重新寻找自己的灵魂，不过不是到天国去寻找，而是到自己的内心深处，寻找那真实的独特的"自我"，那既不属于上帝也不属于他人的自己的灵魂。

我们看到，在现代化都市、技术装置和大众传播媒介的迷宫之中，一支寻找"自我"的队伍出发了。在这支队伍的前列站着尼采和几个孤零零的同路人，而他们的后继者却颇有浩荡之势了。

尼采在两个方向上作战。一方面，他致力于揭露现代文明社会中的自我欺骗和个性泯灭现象，大声呼吁人们去发现自己真实的"自我"。另一方面，面对势力仍然强大的基督教道德，这种道德被庸俗市民阶层接受过来，成为压制优秀个人和独特个性的武器，尼采坚决为"自我"的价值辩护。

这是尼采的人性观的重要组成部分。对于尼采来说，真实的"自我"并非隐藏在个人天性中的既成之物，而是个人自我创造的产物，更确切地说，即是这自我创造过程本身。每一个自我创造过程必是独特的，创造岂有雷同之理？创造的过程也就是赋予价值的过程，无价值的"自我"岂能赋予事物以价值？

这又是尼采的人生观的重要组成部分。在尼采看来，每一个人必须独立地探求人生意义，而对人生意义的真实领会与真实"自我"的发现本是同一回事情。

迷失了的"自我"

人人都有一个"自我"吗？尼采的回答是肯定的。

这个"自我"，甚至你想甩也甩不掉。即使在貌似客观的认识活动中，也仍然有着你的伦理、你的诚实、你的私心、你的疲倦、你的恐惧，有着"你们整个可爱又可恨的自我"。[1] 一个人的知识脱不开"自我"的界限。"无论我对认识的贪欲多么大，除了已经属于我的之外，我不能从事物中获取任何别的东西——别人的所有仍然留在事物之中。一个人做盗贼怎么可能呢！"[2] 人与人之间的理解同样以"自我"为界限。我对你们满怀希望，"可是如果你们没有在自己的心灵中经历过光芒、火焰和朝霞，你们从中能看到和听到什么呢？我只能使人忆起——别无所能！"[3]

人人都有一个"自我"，然而，绝大多数人都不是在为他的"真实的自我"活着，而是在为"他们周围人们的头脑中形成并传达给他们的自我的幻象"活着，这是一种"伪个人主义"。[4] 认识"自我"是一件最难的事。"有多少人懂得观察！而在少数懂得的人里——有多少人观察自己！'每个人都是离自己最远的人'——所有检验内脏的人都不快地知道这个

1　《朝霞》539。KSA，第3卷，第309页。
2　《快乐的科学》242。KSA，第3卷，第514页。
3　《快乐的科学》286。KSA，第3卷，第528页。
4　《朝霞》105。KSA，第3卷，第93页。

道理；而'认识你自己'这句箴言从一位神的口中说给人听，就近乎是一个恶作剧了。"[1]

认识自己之难，有认识方面的原因。尼采认为，真实的"自我"往往是隐藏在无意识之中的，而通常的认识方式，借助于语言，求之于思维，不但不能达到"自我"，反而歪曲了"自我"。我们用来概括我们心理状态的语词，多半是为某些极端状态所取的名称，并不能指示出我们大部分时间内所具有的不可名状的非极端状态，然而正是这些状态织成了我们的性格和命运之网。[2] 我们还不自觉地寻找一般性的思想和判断，用来事后充当我们天性的根据。[3]

社会的舆论和评价也干扰着我们的自我认识，使我们误解了自己。例如，社会以成败论英雄，"成功往往给一个行为抹上存心善良的绚丽光彩，失败则给可敬的举动投下内疚的阴影"。结果，"动机和意图很少是足够清晰单纯的，而回忆本身有时也被行为的结果弄得混乱不堪了"[4]。舆论的力量是强大的，它甚至可以决定一个人的命运。"我们关于自己所知道和所记得的，对于我们一生的幸福并非决定性的……一旦袭来他人关于我们所知道（或自以为知道）的，这时我们就明白它是更强有力的了。"[5] 在"舆论的迷雾"中，人们把"自我"

1　《快乐的科学》335。KSA，第3卷，第558页。
2　参看《朝霞》115。KSA，第3卷，第107页。
3　参看《人性的，太人性的》第1卷608。KSA，第2卷，第345页。
4　《人性的，太人性的》第1卷68。KSA，第2卷，第80页。
5　《快乐的科学》52。KSA，第3卷，第416页。

的幻影与真实的"自我"混为一谈,为这"自我"的幻影劳碌了一生。[1]

真实需要巨大的勇气,认识真实的"自我"也不例外。软弱的人往往有意无意地欺骗自己,忘掉那些不愉快的经历和体验。真实的"自我"之所以被压抑到无意识的领域之中,这种"自我欺骗"起了重要作用。"人忘掉他经历过的某些事情,有意地把它们逐出头脑……我们不断地致力于这样的自我欺骗。"[2] 由此造成虚假的自信。真正相信自己的人是很少的,有些人的自信不过是一种"有益的盲目",似乎下意识地知道自己内心的空虚,避免去看透自己,以维持虚假的充实。尼采认为,真正的自信者必是有勇气正视自己的人,而这样的自信也必定和对自己的怀疑及不满有着内在的联系。这种人的自信必须靠自己去争得:"他们所做的一切美好、优异、伟大之事,一开始都是反对居于他们内心的怀疑者的论据,用来说服和劝导这个怀疑者的,而为此就几乎需要天才了。这是伟大的自我不满者。"[3] 事实上,几乎所有伟大的天才都并非天性自信的人,相反倒有几分自卑,他们知道自己的弱点,为这弱点而苦恼,不肯毁于这弱点,于是奋起自强,反而有了令一般人吃惊的业绩。

认识"自我"难,实现"自我"更难,而实现的困难

---

1 参看《朝霞》105。KSA,第3卷,第93页。
2 《人性的,太人性的》37。KSA,第2卷,第397页。
3 《快乐的科学》284。KSA,第3卷,第527页。

又加重了认识的困难。最大的困难就在于,一个人一旦认识了"自我",就要对这"自我"负起责任,也就是实现这"自我",而这必然要付出重大的代价。"自我"并非少数优选者的所有物,在这个世界上,每个人都是一个独一无二、不可重复的存在,都有着形成独特个性的机会。尼采诚然有贵族主义的倾向,但是他并不主张人性天生不平等。"每个人都是一个一次性的奇迹……每个人直到他每块肌肉的运动都是他自己,只是他自己,而且,只要这样严格地贯彻他的唯一性,他就是美而可观的,就像大自然的每件作品一样新奇而令人难以置信,绝对不会使人厌倦。"[1] 区别在于,有些人(例如艺术家)强烈地意识到这个独特的"自我",在自我创造的过程中实现了这个独特的"自我";而许多人的"自我"却是一种终未实现的可能性,埋没在非本质的存在之中。"每个人都有他的良辰吉日,那时候他发现了他的高级自我",但"有些人逃避他们的高级自我,因为这高级自我是苛求的"。[2] 无条件地服从外来意志,例如宗教和国家,放弃自己的意志和责任,这是一种最轻松的处世方式。拒绝一种愿望总比调节一种愿望容易,放弃个性总比发展个性容易。

尼采一再指出,懒惰和怯懦是妨碍人们实现"自我"的大敌。"说到底,每个人心里都明白,作为一个独一无二的事

---

[1] 《作为教育家的叔本华》1。KSA,第1卷,第338页。
[2] 《人性的,太人性的》第1卷624。KSA,第2卷,第351—352页。

物，他在世上只存在一次，不会再有第二次这样的巧合，能把如此极其纷繁的许多元素又凑到一起，组合成一个像他现在所是的个体。他明白这一点，可是他把它像亏心事一样地隐瞒着——为什么呢？因为惧怕邻人，邻人要维护习俗，用习俗包裹自己。然而，是什么东西迫使一个人惧怕邻人，随大流地思考和行动，而不是快快乐乐地做他自己呢？"少数人是因为怯懦，多数人是因为懒惰。"人们的懒惰甚于怯懦，他们恰恰最惧怕绝对的真诚和坦白可能加于他们的负担。"[1]

事情是够奇怪的，人人都有一个"自我"，可是人人都不愿别人表现出他们的"自我"，为此宁愿也牺牲掉自己的"自我"。尼采在这里揭示了习惯势力的社会心理机制。在社会中，每个人个性的自由发展意味着某种形式的竞争，他人的创造要求自己做出新的创造，他人的优胜刺激着自己也要争优胜。于是，为了自己能偷懒，就嫉恨别人的优秀，宁愿人人都保持在平庸的水平上。走阻力最小路线的懒惰心理造成了一种社会的惰性，成为阻碍个性发展的最大阻力。"如果我们采取断然步骤，走上通常所说的'自己的路'，就会有一个秘密突然向我们揭示：一向对我们友好和信任的人，从此全都对我们产生了一种蔑视，并感到自己受了侮辱。他们中最好的，则显示宽容，耐心地等待我们重新找到'正路'，这'正路'当然是他所知道的。"[2] 总之，非要千人一面、众口一

---

[1] 《作为教育家的叔本华》1。KSA，第1卷，第337页。
[2] 《朝霞》484。KSA，第3卷，第287页。

词,才算一个"好社会",即人人可以心安理得的社会。敢于"走自己的路"的人,难免要受诽谤和孤立了。这时他不但要付出最大的艰辛,而且要遭受最多的屈辱。有几人能"让人家去说"而仍然不改初衷呢?怯懦实在是懒惰的副产品,首先有多数人的懒惰而不求个人的独特,这多数的力量形成一条防止个人求优异的警戒线,然后才有了人言可畏的怯懦心理。

结果,人们不是去发现"自我",实现"自我",而是逃避"自我"唯恐不及。逃避的方式是所谓"劳作",那自早到晚刻板而绝无创造性的"劳作"。尼采说,这种"劳作"崇拜的隐情是"对一切个人性的惧怕",把劳作当作管束个人的"最好的警察",以之有效地遏止独立性的发展。劳作"几乎耗尽了精力,从而排除了沉思、冥想、梦幻、忧愁、爱恋、憎恨,它始终把一个小目标树在眼前,保持着容易的、守规矩的满足。一个让人们不断高强度劳作的社会是比较安全的,而安全在现在被奉为最高的神明"。[1]

在现代工业社会里,片面的分工和紧张刻板的工作方式严重摧残个性,尼采对此是有清醒认识的。他一再指出,在现代,生命是患病了,"病于违背人性的机器系统和机械主义,病于工人的'非个人性',病于'分工'的错误经济学"[2]。"美国人的工作之令人窒息的匆忙……业已开始通过传染而使古

---

1 《朝霞》173。KSA,第3卷,第154页。
2 《看哪这人》:《不合时宜的考察》。KSA,第6卷,第317页。

老欧洲野蛮化,在欧洲传播了一种极为奇怪的无精神性。人们现在已经羞于安静;长久的沉思几乎使人产生良心责备。人们手里拿着表思想,吃午饭时眼睛盯着商业新闻——人们像一个总是'可能耽误'了什么事的人那样生活着。"这种情形将会"扼杀一切教养和高尚趣味"。[1]真实的"自我"迷失在"无精神性"的"劳作"中了,很显然,这"自我"是一种精神性的"自我",是有着"教养和高尚趣味"的独特个性。

在尼采那里,真实的"自我"有两层含义。在较低的层次上,它是指隐藏在潜意识之中的个人的生命本能,种种无意识的欲望、情绪、情感和体验。在较高的层次上,便是精神性的"自我",它是个人自我创造的产物。不过,对于尼采来说,这两层含义并不矛盾,因为他一向把生命本能看作创造的动力和基础。

在个人与社会的关系问题上,尼采的看法是:社会是机器和工具,个人才是目的。他认为,现代社会恰恰把这种关系颠倒了。"如果个人通通只用来维持机器,那么为什么要有机器呢?机器的目的在其自身,不是人类的滑稽剧吗?"[2]

尼采是一个直言不讳的个人主义者。不过,他所主张的个人主义有特定的含义,不同于那种唯利是图、沽名钓誉的个人主义。他称后者为"假个人主义"[3],因为在他看来,这种

---

1 《快乐的科学》329。KSA,第3卷,第556页。
2 转引自威尔都兰:《古今大哲学家之生活与思想》,第646页。
3 《朝霞》105。KSA,第3卷,第92页。

个人主义恰恰把真实的"自我"迷失在财产和舆论的领域里了。真正的个人主义追求的既非财产,亦非浮名,而是真实的"自我"。与尼采同时期的英国作家王尔德所见略同,他说:"承认私有财产就必然会把人和他的所有混为一谈,这实际上是损害了、模糊了个人主义。它把个人主义完全导入歧途,使个人主义以获利而不是以成长为目的。这样一来,人类就认为最重要的事情是发财,而不知道最重要的事情是生活。"[1] 这段话道出了尼采所主张的个人主义的真旨。不过,王尔德因此而赞成公有制意义上的社会主义,尼采却始终反对作为一种政治运动的社会主义,这又是他们的不同之处。

尼采式的个人主义,归结为一句话,就是他提出的这要求:"成为你自己!"

成为你自己

尼采在他一生的不同时期,一再发出这同一呼吁:

"成为你自己!你现在所做、所想、所追求的一切,都不是你自己。"[2]

"你应当成为你之为你者。"[3]

1 　王尔德:《社会主义制度下人的灵魂》。
2 　《作为教育家的叔本华》1。KSA,第1卷,第338页。
3 　《快乐的科学》270。KSA,第3卷,第519页。

"成为你之为你者！"[1]

"成为你自己：这一呼吁只被少数人听信，并且只是对于这少数人中的极少数人才是多余的。"[2]

怎样才算成为了自己呢？当然，在一定的意义上，每一个人都必然地是他自己，不可能不是他自己。天生的气质、神经类型、智力禀赋，几乎跟随人一辈子，要在这些方面不是自己才难呢。然而，也并非所有的人都能率直对待自己的天性，有的人要矫饰、扭曲、抱怨，但愿变成别人。

尼采的意思可不是要每个人回到自己的天性，停留在自己的天性上，尽管天性是出发点，而且每一个人的天性从遗传学上看也确实是独一无二的。他的着眼点是后天的创造和发展。

"成为你自己"首先是要忠实于自己，对自己的生存负责，真诚地寻求人生的意义。"对于我们的人生，我们必须自己向自己负起责任；因此，我们也要充当这个人生的真正舵手，不让我们的生存等同于一个盲目的偶然。我们对待它应当敢做敢当，勇于冒险，尤其是因为，无论情况是最坏还是最好，我们反正会失去它。为什么要执着于这一块土地，这一种职业，为什么要顺从邻人的意见呢？"[3]人生短促，浮生若梦，在一些人成了玩世不恭的理由，在尼采却反而成了严

---

1   《查拉图斯特拉如是说》：《蜜的献祭》。KSA，第4卷，第297页。
2   遗稿。GA，第11卷，第62页。
3   《作为教育家的叔本华》1。KSA，第1卷，第339页。

肃处世的理由。你执着生命是没有意义的,不管你如何执着,你终究要失去它。尼采要我们因此看开一些,不是执着生命本身,而是执着生命的意义。"成为你自己",就是要居高临下于你的生命,做你的生命的主人,赋予你的生命以你自己的意义。除了你自己,谁还能赋予你的生命以意义呢?

对自己的生命负责,就是忠实于自己。尼采把忠实于自己看作人格伟大的首要标志。"不忠实于自己而能伟大,我是决不承认的。一旦发现这种情形,我立刻觉得一个人的成功绝对算不了什么。"[1] "世上没有一帆风顺的事!一个人只有始终忠实于自己,才能取得巨大的成就……"[2] 不忠实于自己,绝不能有真正的成功,靠背叛自己换来的成功是假的,一钱不值的。可是,忠实于自己谈何容易!时代的风尚、大众的舆论,不仅会反对你,而且会同化你。尼采是如此看重"自我"的纯洁性,乃至主张个人的退隐,以"逃避"时代和习俗的污染。"过隐居的生活,不去知道你的时代视为最重要的事情!如此你就能够为你自己生活!"[3] 他一定要从自己的源泉里饮水,焦渴难忍之时,宁肯跑到旷野里去,以免受众人共用的水瓮的引诱。"在众人中我就像众人那样生活,不是我自己在思想;若干时间之后,我就总觉得人们想把我从我自己中

---

[1] 转引自威尔都兰:《古今大哲学家之生活与思想》,第625页。
[2] 致盖斯多尔夫,1876年4月15日。转引自雅斯贝尔斯:《尼采导论》,第64页。
[3] 《快乐的科学》338。KSA,第3卷,第568页。

驱逐出来，把我的灵魂夺走。"[1] 不过，对于尼采，退隐是一种斗争的方式，当然这种方式脱不开个人奋斗的性质。

为自己生活，为自己写作，为自己……想必不会把这一切"为自己"理解成谋私利罢。尼采强调的始终是做一个真实的人，既非不关痛痒地对待生活和思想，也不作违心之事和违心之论。这就是忠实于自己。这就是在"自我"与人生的关系上的"成为你自己"。

在"自我"与他人的关系上，"成为你自己"就是要有自己的独立性，不盲从和迷信他人。这个"超人"说的提倡者倒是反对一切个人崇拜的。他反对学生崇拜老师。查拉图斯特拉对他的学生说："人永远做一个学生，这对于他的老师不是好的报答。你们为何不扯碎我的花冠呢？你们崇拜我，一旦你们的崇拜对象倒塌了呢？当心，不要被一尊石像压碎了你们！……你们还没有找到你们自己，就已经找到我了。一切信徒都如此；所以一切信徒都少有价值。现在我教你们丢开我，去发现你们的自我……"[2]

正是"发现自我"，在尼采看来，这是唯一可能的学习方式。如果通过学习不是发现了自我，反而是失落了自我，就失去了学习的意义。学习不只是为了获得知识，更是为了获得智慧。知识是死的，智慧是活的，因为它就是活生生的自

---

[1] 《朝霞》491。KSA，第3卷，第290页。
[2] 《查拉图斯特拉如是说》：《赠予的道德》。KSA，第4卷，第101页。

我的闪光。你读书只是猎取死的知识,就是让你的头脑变成一个跑马场,让别人的思想的马匹践踏一通。你不应该做跑马场,你的"自我"是你的骏马,载你驰骋于思想的疆场。独立思考不仅仅是知识的融会贯通,更是赋予知识以你的个性,是你"发现"了唯独属于你的真切新鲜的感受。这就是"发现自我"。尼采回顾他因眼疾而不得不停止读书的经历时,欣喜地写道:"我摆脱了'书本',有几年工夫我什么也不读——我曾经赐给过我自己的最大恩惠!——那个最内在的自我,似乎已经被掩埋了,似乎因为必须不断聆听别人(这就叫读书!)而已经喑哑了,现在渐渐胆怯地、疑虑重重地苏醒了——终于它又说话了。"[1]尼采是极而言之,他并非反对读书,他反对的是盲从别人的读书。

尼采还反对英雄崇拜,例如他反对崇拜拿破仑,尽管他自己很尊敬拿破仑。他说:拿破仑"在精神上给我们的世纪带来了浪漫的英雄崇拜",使许多狂信者围绕着他而生活。狂信者是靠了自我欺骗把一个肉身的人神化的,甚至当这个被神化者"以可憎的方式有目共睹地暴露自己不是神,而过于是一个人"之后,这些狂信者还要寻求新的自我欺骗,设想出某党某派的阴谋,给自己制造一种殉难的感觉。[2]在尼采看来,没有一个现实的人是完美的。谁崇拜一个人,把这人看得完美无缺,他就是在人性的可能性方面贬低了他自己。

---

1 《看哪这人》:《人性的,太人性的》4。KSA,第6卷,第326页。
2 《朝霞》298。KSA,第3卷,第222页。

盲从别人的反面，就是相信自己。"相信自己是最牢固的镣铐，最严酷的鞭打——也是最坚硬的翅膀。"[1] 一个有独特个性的人肩负着人生的重任，同时也有完成这重任的勇气。

按照尼采对人性的一般看法，"成为你自己"最后归结为创造和评价。我并不仅仅是要为自己寻求一片温暖的阳光。"我要得更多，我不是一个寻求者。我要为我创造一轮我自己的太阳。"[2] 尼采对于康德的普遍道德律十分反感，因为所谓"每人在这场合也必定这样做"这样一种判断恰恰抹杀了行为的独特性，也就是抹杀了行为主体的个性。每个人应当"为自己创造自己的、最自己的理想"。"我们要成为我们之为我们者——成为新的人，独一无二的人，无可比拟的人，自我立法的人，自我创造的人！"[3] 这样的人必有一种自己的"不与他人共有"的道德，一种从自己的热情中生长出来的道德。[4] 在这个意义上，尼采说："个人是一种全新的东西、创新的东西、绝对的东西，一切行为都完全是他自己的。"[5] 又说："这创造的、意愿的、评价的自我，是事物的尺度和价值。"[6]

他为个人辩护，为的是给真诚独特的行为创造一个良好的社会环境。他说，一个时代，一个民族，愈是尊重个人，

1　遗稿。GA，第15卷，第255页。
2　《快乐的科学》320。KSA，第3卷，第551页。
3　《快乐的科学》335。KSA，第3卷，第562、563页。
4　参看《查拉图斯特拉如是说》：《快乐与激情》。
5　《强力意志》456。
6　《查拉图斯特拉如是说》：《来世论者》。KSA，第4卷，第36页。

真诚独特的行为也就愈能得到理解。[1]个人是世界的中心，但这里的个人并非要拿世界来自利，反而是要向世界贡献一份他特有的光和热。人人都是太阳，由无数发光体组成的这世界岂非更绚丽多彩？当然，并非每个人都能成为创造的天才，但是，每个人都可以"给他的性格以风格"[2]，都可以为世界增添他的一份美。有这么多的太阳，这么多的中心，人类会不会成为一盘散沙？尼采认为，恰恰相反，现代社会把个人的棱角和锋芒都磨去，反而是走上了将人类弄成一盘散沙的道路。个人愈是雷同，社会就愈是缺少凝聚力。无个性的个体不能结合为整体。个人愈是独特，个性的差异愈是悬殊，由他们组成的社会有机体就愈是生机勃勃。最好每个人都"从自己形成着一些让别人看了愉快的东西，犹如一座美丽、幽静、封闭的花园，有高墙挡住马路上的风尘，但又敞开着迎客的大门"。[3]独特，然后才有沟通。毫无特色的平庸之辈厮混在一块，只有无聊，岂可与语沟通？"成为你自己"，开放出你的奇花异卉，展现出你的独特的美，你就为别人带来了鉴赏的愉快。万紫千红，群芳争艳，每人都创造自己的美，每人都欣赏其他一切人所创造的他们各自的美，人人都是美的创造者和欣赏者，生活在这样的世界上是多么赏心悦目。

就像现代的存在主义者一样，尼采始终把社会看作个性

---

[1] 参看《朝霞》529。
[2] 《快乐的科学》290。KSA，第3卷，第530页。
[3] 《朝霞》174。KSA，第3卷，第155页。

异化的领域。他说:"在我们身上,孤独也是一种美德,就像是纯洁的一种极精微的倾向和追求,它预感到在人与人的接触中——'在社会中'——是怎样不可避免地发生不洁。不论何时、何地、以何方式,一切人际关系都造成——'平庸'。"[1]这就把社会与个人完全对立起来了,仅仅强调社会对于个性的损害(这在一定社会关系中是事实),而无视另一面:社会也是自我实现和个性发展的重要场所。

健康的自私

自私就是恶,无私就是善,这种道德观念早已体现在基督教的邻人爱的原则中了。功利主义的思想家们用合理的利己主义来反对基督教的抹杀个人的道德观念,为经济上的自由竞争制造理论根据。可是,在资产者的实践中,事实上却是两种道德并存,一方面是最无耻最露骨地追逐物质私利,另一方面是嫉恨和反对个人精神上的优异。作为资产阶级的一名文化战士,尼采向本阶级中的庸俗市民阶层宣战。这些法利赛人都是些狂热的逐利者,同时也是些狂热的基督徒,殊相同质,逐利和虔信都表明一点:没有灵魂。

尼采在两方面反对他们。他深深厌恶那种无灵魂的逐利行为,同时也公开仇恨他们的伪善的"无私"。他要为"自

---

[1] 《善恶的彼岸》284。KSA,第5卷,第232页。

私"正名。在他看来，小市民们既用他们的逐利行径玷污了"自私"，又用他们所接受的基督教说教侮蔑了"自私"。与他们相敌对，尼采提倡一种"从强力的灵魂流出的完好的健康的自私"。[1]

"健康的自私"是反对"病态的自私"的。"健康的自私"源于力量和丰裕，它强纳万物于自己，再使它们从自己退涌，作为爱的赠礼。"病态的自私"却源于贫乏，"贫乏而饥饿，总想着偷窃"。唯利是图正是灵魂衰弱乃至丧失的表现。[2]

"健康的自私"更是反对所谓"无私"的说教的。它是健康的肉体和强力的灵魂的自我享乐。它憎恨一切自我贬抑的奴隶性，唾弃一切种类的奴隶，"无论他们是屈服于众神和神罚，还是屈服于愚蠢的人类舆论"。[3] "健康的自私"也就是同基督教的"邻人爱"相对立的"自爱"。尼采一再呼吁，人应当学会自爱。"人必须学会以一种完好无损的健康的爱来爱自己，这样他才能耐心自守，不至于神不守舍。"[4] 一个人不爱自己，甚至厌恶自己，单独自处就感到无聊，他怎么会有出息，又怎么能活得轻松？自爱不是罪过，自己不该是一个可厌的对象。尼采是要人们戒除那种罪恶感，似乎自己是个天生的罪人，非要到邻人那里去赎罪不可。"邻人爱"的原则所灌输的就是这种罪恶感。"谁想变得像鸟儿一样轻快，他就必

---

[1] 《查拉图斯特拉如是说》：《三种恶》。KSA，第4卷，第238页。
[2] 《查拉图斯特拉如是说》：《赠予的道德》。KSA，第4卷，第98页。
[3] 《查拉图斯特拉如是说》：《三种恶》。KSA，第4卷，第239页。
[4] 《查拉图斯特拉如是说》：《重力的精灵》。KSA，第4卷，第242页。

须爱自己。"[1]自爱才有自由。"我们应该自由无畏地在无辜的自私中自我成长和繁荣!"[2] "每一个想变得自由的人,都必须通过自己来实现,自由不会如同一件神奇的礼物自动投入任何人的怀抱。"达到自由的证据是什么呢?就是"不再羞于自己"。[3] "高贵"的标志是:"不怕面对自己,从自己不期待任何羞耻之事,无忧无虑地飞翔,任我们被驱向何方——我们生于自由的鸟儿!"[4]

尼采认为,一个人之所以不爱自己,甚至厌烦自己,是由于缺乏性灵即精神性。这样的人不够有性灵以自欢愉,却又有足够的教养明白这一点,于是无聊,烦闷,"根本羞于他自己的生存",希望在琐碎日常工作(所谓为他人生活)中忘掉这个空虚的自我。这种人最需要道德。所以,"对于精神的惧怕,加于精神的报复——这种有驱动力的恶习多么经常地成为道德的根底!成为道德本身!"[5]对于这种灵魂空虚的人,倒不妨说:"你们觉得自己是一个这么无聊的或可恶的对象吗?那就多为他人想,少为你们自己想吧!你们这样倒是做对了!"[6]

一个不爱自己的人,无论如何不是一个可爱的人,他既

---

1 《查拉图斯特拉如是说》:《重力的精灵》。KSA,第4卷,第242页。
2 《快乐的科学》99。KSA,第3卷,第457页。
3 《快乐的科学》275。KSA,第3卷,第519页。
4 《快乐的科学》294。KSA,第3卷,第535页。
5 《快乐的科学》359。KSA,第3卷,第606页。
6 《朝霞》131。KSA,第3卷,第123页。

不可能得到别人的爱,也不可能真正爱别人。"按照帕斯卡尔和基督教的看法,我们的自我总是可恨的,既然如此,我们怎么还可以允许和希望别人爱它呢——无论那别人是上帝还是人!"[1]而且,对自己的怨恨往往寻求在旁人身上报复,和这样的人一起生活真是灾难。"有谁憎恨自己,我们当知畏惧,因为我们会成为他的怨毒和憎恨的牺牲品。"[2]他带着他对自己的怨恨到旁人那里去,就算他是去行善的吧,他的怨恨也会在他的每一件善行里显露出来,加人以损伤。受惠于一个自怨自艾的人,还有比这更叫人不舒服的事吗?

所以,尼采强调,善人首先得对自己怀有善意,否则他对旁人的所谓善意善行必是不诚恳的、虚假的。[3]"尽管做你愿望的事——但首先得成为能够愿望的人!尽管爱邻人如同爱自己——但首先得成为爱自己的人!"[4]"一个人必须坚强地用自己的双腿站立,否则他根本不能爱。"[5]给人以生命欢乐的人,必是自己充满着生命欢乐的人。自爱者才能爱人,富裕者才能馈赠。"人格的缺陷到处都造成恶果;一种软弱、阴郁、死气沉沉、自我贬抑和自我否定的人格不再适合于任何美好的事物——它尤其不适合于哲学。'无私'在天上和人间都没有

---

[1]　《朝霞》79。KSA,第3卷,第77页。

[2]　《朝霞》517。KSA,第3卷,第300页。

[3]　参看《朝霞》516。

[4]　《查拉图斯特拉如是说》:《侏儒的道德》。KSA,第4卷,第216页。

[5]　《看哪这人》:《我为何写出如此杰作》5。KSA,第6卷,第305页。

价值；伟大的问题总是要求伟大的爱，唯有坚强、成熟、沉着、坚定自立的心灵才能负此重任。"[1]

基督教道德以"无我""利他""爱邻人"的说教为核心，要求人们逃避自我、憎恨自我、牺牲自我、否定自我，在他人之中生活，为他人而生活，在尼采看来，这正是颓废的征兆。"本能地择取对己有害的，受'无私'的动机吸引，这差不多为颓废提供了公式。"[2] "在'无我''自我否定'的概念中，真正的颓废病象，有害之物的诱惑，不再有能力发现自己的利益，自我毁灭，都变成了价值、'义务'、'神圣'、人身上的'神性'！"[3] 健康的"自私"是健康的生命本能，是高尚的自我保护的力量。反对这样的"自私"，赞扬"无我"和牺牲，实际上是奖劣惩优，压抑生命力旺盛、热爱生活的人，却鼓励那样的人，这种人"不把他的全部力量和才智用在他的保存、发展、提高、前进以及力量的扩展上，而是对自己卑怯、麻木甚至可能冷漠或者刻薄地生活着"。[4] "'你的自私是你的生活的祸害'——这种说教鼓噪了几千年：它损害了自私，夺走了自私的许多精神，许多快乐，许多创造力，许多美丽，它钝化、丑化、毒化了自私！"[5]

---

[1] 《快乐的科学》345。KSA，第3卷，第577页。
[2] 《偶像的黄昏》：《一个不合时宜者的漫游》35。KSA，第6卷，第133页。
[3] 《看哪这人》：《为何我是命运》8。KSA，第6卷，第374页。
[4] 《快乐的科学》21。KSA，第3卷，第393页。
[5] 《快乐的科学》328。KSA，第3卷，第555页。

尼采孜孜以求的始终是个人的独特和优异。他说:"我的道德应当如此:夺去人的公共性格,使他成为独特的……做成别人理解不了的事。"[1] "个人的优异,这是古代的美德。公开或隐蔽地服从、跟随,这是德国的美德。"他厌恶康德,因为他认为康德哲学是在曲折地教人服从。[2]

"健康的自私"所倡导的是一种自爱、自强、自尊的精神。"你自助,然后人人助你。"[3] 要把立足点从依靠上帝或他人得救转移到自力更生上面来。这种自爱、自强、自尊的精神,非常典型地表现在对于侮蔑和痛苦的态度上。你受了侮蔑,你不要为自己辩解,而宁肯负着玷污,只是为了不给卑劣的侮蔑者以阴险的快乐,使他能够说:"他真觉得这些事很重要呀!"[4] 你遭受了痛苦,你也不要向人诉说,以求同情,因为一个有独特个性的人,连他的痛苦也是独特的、深刻的,不易被人了解,别人的同情只会解除你的痛苦的个人性,使之降为平庸的烦恼,同时也就使你的人格遭到贬值。[5]

在尼采看来,"健康的自私"以生命力的强盛为前提,由此他得出一个判断自私的价值的标准,即在于生命力的强弱。"自私的价值取决于自私者的生理上的价值:它可能极有价值,也可能毫无价值,令人鄙视。每一个人均可根据他体

1　遗稿。GA,第11卷,第238页。
2　《朝霞》207。KSA,第3卷,第188页。
3　《偶像的黄昏》:《格言与箭》9。KSA,第6卷,第60页。
4　参看《朝霞》472。
5　参看《快乐的科学》338。

现生命的上升路线还是下降路线而得到评价。确定这一点后，他的自私有何价值的问题也就有了一个标准。"[1]这里牵涉到尼采对于"个人"与"类"的关系的看法。他认为，个人不是一个孤立的个体，"他绝非自为的，不是一个原子，不是'链中之一环'，绝非过去的纯粹遗传——他还是到他为止人的一条完整的路线本身"。[2]也就是说，个人不只是类的一员，而且是整个类的素质的体现者，是"整个链条，肩负着这链条的全部未来的重任"。[3]人类的发展程度并非全部个人发展程度的平均值，而是体现在最优秀的个人身上。这样，优秀个人就成了社会发展的目的，而这些优秀个人又"在寻求达到一个比人更高的类"[4]，即把自己当作"超人"诞生的手段。按照这样的理解，尼采认为，那些体现下降、衰退路线的个人，他们的自私毫无价值，因为他们的衰弱的生命力决定他们只能有一些猥琐卑劣的私欲；唯有体现上升路线的个人，才能具有高贵的健康的极有价值的自私，他们的自私是他们蓬勃的生命力的展现和强化，总体生命正依靠他们的这种自私而向前迈进。

尼采谈到"生理上的价值"，不过他的意思并不是指体格

---

1 《偶像的黄昏》:《一个不合时宜者的漫游》33。KSA，第6卷，第131页。
2 《偶像的黄昏》:《一个不合时宜者的漫游》33。KSA，第6卷，第132页。
3 遗稿。GA，第16卷，第151页。
4 遗稿。GA，第11卷，第238页。

的强弱，而是指一种内在的生命活力，这种活力是精神创造力的基础。尼采在理论上并不否认每个人都是一个独特的自我，都有自我创造的可能性，照此说来，一切个人的"自私"都可能是健康的，其价值可能是相等的。可是，现实生活中人们的不自爱、不自强的表现又使他失去信心，把希望寄托在少数优秀个人身上。他似乎是说：人人都应当是强者；然而，既然事实上只有少数人是强者，就让他们来统治多数人吧。我们赞成前一句话，反对后一句话。我们赞成一切人个性的自由和全面发展，反对任何形式的贵族主义，不管是血统贵族还是精神贵族。尼采怀抱振兴人类的渴望，可谓激进，但是在如何振兴人类的具体途径问题上，他所设计的方案却又极为保守，总是脱不开贵族政体的陈旧观念。他不满于资产者社会的现状，但在社会学说上他提不出更进步的社会理想，反而一再缅怀和主张早已过时的带有浓厚奴隶制色彩的等级社会。这是尼采思想中最触目的矛盾。

第六章 向理性挑战

> 生命僵死之处，必有法则堆积。
>
> ——尼采

欧洲近代是理性主义胜利进军的时代。在这个时代的入口处，培根的名言如号角响彻云霄："知识就是力量！"这位近代哲学与科学之父甚至在人与知识之间画了等号："人即心灵，心灵即知识。一个人知道些什么，他就是什么……"人类自豪地发现，从自己心灵中闪射出来的理性光芒普照万物，使人类成为世界的真正造物主。没有人怀疑理性的至高无上的意义。英国经验论者和大陆唯理论者实质都是理性主义者，他们所争论的仅仅是逻辑范畴的来源，而对于人类必须依靠逻辑范畴和逻辑推理指导生活这一点并无分歧。法国启蒙学者也是理性主义者。对于他们来说，"一切都必须在理性的法庭面前为自己的存在作辩护或者放弃存在的权利。思维着的悟性成了衡量一切的唯一尺度"。[1]德国古典哲学家更是理性主

---

[1] 《马克思恩格斯选集》第3卷，人民出版社，1972年，第56页。

义者。在黑格尔那里，甚至连世界也变成了自我推演的逻辑范畴。

这是刚从宗教信仰下挣脱出来的人类理性，犹如一切初获解放者一样，它无忧无虑，信心十足，度过了一个充满希望的时期。然而，这个时期终于结束了，人们发现，理性的自夸也是一种幼稚病，而"理性的王国不过是资产阶级的理想化的王国"。[1]

非理性主义思潮在西方崛起了。这股思潮以不可抵挡之势摧垮了近代思想家们苦心经营的理性王国，泛滥于哲学、社会学、心理学、文学艺术等一切文化领域，迅速上升为现代西方社会的主流思潮。

现代西方哲学家对于近代理性主义的批判，集中在以下几个方面：

第一，理性主义立场的本质在于把逻辑思维提升到至高地位，而逻辑思维不过是人与外部世界相联系的一种工具。这样，理性主义就把人类的注意力引向外部世界，把人类生存的意义归结为依靠逻辑工具掌握和支配外部世界。在理性主义统治下，人们迷信科学万能，热衷于追求知识，从事外在的物质活动，忽视了人的内心生活。

第二，理性主义哲学公开或隐蔽地假定世界具有一种逻辑本性，由于这种逻辑本性，世界一方面能被人类思维所把握，另一方面其发展的进程也保证了人类目的的实现。倘若

1　《马克思恩格斯选集》第 3 卷，第 57 页。

现实世界并非如此，理性主义者就把它视为虚假的现象世界，而断定其背后还有一个真实的本体世界。这种旧式的本体论是哲学的最大迷误。

第三，理性主义哲学把人视为受逻辑支配的理性动物，它既不去探究逻辑思维本身的非逻辑起源，也完全无视潜藏在理性思维下面的真正支配人的意愿和行为的无意识领域。因此，它对人及其认识的了解是表面化和简单化的。

总之，在现代非理性主义者看来，理性主义哲学把世界的本质、人的本质和人的生活意义都归结为理性，在所有这些方面都陷入了谬误。尼采首先从所有这些方面对理性主义作出了全面批判。他竭力证明：科学不能为人生提供真实的意义；并无一个合乎理性的本体世界，世界的意义靠人去赋予；一切理性事物都具有非理性的起源；人的心理中有一个无意识领域，其中潜藏着人的意愿和行为的真正动机。

现代非理性主义思潮的兴起直接同西方人的社会危机和精神危机相关联。在资本主义条件下，人们发现，片面追求物质繁荣的科学事业并不能使人真正幸福，因而返诸自身，试图从内部心灵体验中寻找生活意义。由理性至上一变而为贬低理性，崇尚非理性，这本身是病态社会所造成的病态发展。相比之下，资产阶级启蒙思想家们孜孜于寻求感性与理性的和谐，倒不失为一种健康的心理。不过，非理性主义哲学对深层心理的探索也不无积极意义，而对深层心理的分析或描述确是现代非理性主义哲学的主要特色。凡是具有非理性主义倾向的现代哲学家，几乎都是深层心理学家；另一方面，弗洛伊德以及其他深层心理学家，在一定意义上也都被当作哲学家看待。如此看来，敏锐地感受到现代西方社会的精神危机、以探求人生意义为哲学使命的尼采，向人的心理生活的领域深入开掘，成为现代非理性主义哲学的鼻祖，完全是顺理成章的了。

科学的极限

尼采一开始从事哲学活动，就向科学理性发出了挑战，他为自己选择的第一个靶子是古希腊哲学家苏格拉底。

苏格拉底，这个被德尔斐神谕称作全希腊最聪明的人的哲学家，本来在倡导人的哲学方面倒是有历史功劳的。可是，他研究人生问题的方式却是十足理性主义的，完全依靠逻辑推理的手段，通过概念的辩驳去寻求一般性的结论。他的结论也是十足理性主义的，把人生的意义归结为追求知识。因此，尼采把苏格拉底称作"乐观主义的科学精神"的"始祖"。所谓"科学精神"，是指"最早显现于苏格拉底人格之中的那种对于自然界之可以追根究底和知识之普遍造福能力的信念"。[1]尼采认为，苏格拉底的影响笼罩着世世代代，直至于今日。自苏格拉底时代以来，人们相信科学至上，知识万能，思维能洞悉万物的本质。于是，求知欲泛滥，思想之网

---

1 《悲剧的诞生》16、17。KSA，第1卷，第103、111页。

密布世界，"概念、判断和推理的逻辑程序被尊崇为在其他一切能力之上的最高级的活动和最值得赞叹的天赋"。[1]这种情形从15世纪文艺复兴以来变本加厉地出现："登峰造极的同样旺盛的求知欲，同样不知餍足的发明乐趣，同样急剧的世俗倾向，加上一种无家可归的流浪，一种挤入别人宴席的贪馋，一种对于当下的轻浮崇拜……"[2]

然而，正是在科学迅速发展的现代，科学本身的极限暴露出来了。"现在，科学受它的强烈妄想的鼓舞，毫不停留地奔赴它的界限，它的隐藏在逻辑本质中的乐观主义在这界限上触礁崩溃了。"[3]

科学的极限，首先表现在科学以逻辑证明的严格性自豪，然而，任何科学体系都以某种不能由逻辑手段证明的公理为前提，这种公理是"一种专横的、绝对的信念"，因而也就是信仰。所以，"即使科学也是建立在一种信仰之上的，根本不存在'无前提的'科学"。[4]

其次，更重要的是，科学所自命的那种普遍有效性根本就是一种幻想。科学并非无所不能的。它的无能尤其在触及人生根本问题时暴露无遗。尼采责问道："科学能否给人的行为提供目的呢？"[5]他认为答案无疑是否定的。

1　《悲剧的诞生》15。KSA，第1卷，第100—101页。
2　《悲剧的诞生》23。KSA，第1卷，第148—149页。
3　《悲剧的诞生》15。KSA，第1卷，第101页。
4　《快乐的科学》344。KSA，第3卷，第575页。
5　《快乐的科学》7。KSA，第3卷，第379页。

在尼采看来，人生并无现成的目标和意义，为了给人生提供一种目标和意义，首先需要的是巨大的人生热情。"我不相信太冷的心。不能说谎的人，也不知道什么是真理。"[1]然而，科学恰恰"是冷漠而枯燥的，它没有爱，对于深刻的不满和渴望之情一无所知"，"科学不论在何处都只看见认识问题，在其视野内苦难原本是某种与己无关和不可理解的东西，至多又是一个问题罢了"。[2]

科学借以掌握事物的手段是逻辑概念和推理，可是，思维凭借这些逻辑手段不可能"到达存在的至深的深渊"。[3]对于人生的探索不能靠抽象的逻辑思维，而要靠真切的心灵体验。在科学精神支配下，人们凭概念指导生活，恰恰虚度了人生。[4]

科学以人对外部世界中物的支配为鹄的，这种支配诚然也体现了人的主体作用。但是，一旦人仅仅按照对物的支配这个目的来建立自身的生命活动，他实际上就使自己服从于物，反而受物的支配了。所以，科学精神的统治的最严重后果就是使人丧失精神性，把自己降为纯粹的生产者。尼采说："17年来，我不疲倦地揭露我们当代的科学追求的非精神化影响。科学的巨大范围如今强加于每个人的严酷的奴隶状态，是较完满、较丰富、较深刻的天性找不到相应的教育和教育

1　《查拉图斯特拉如是说》：《高贵的人》。KSA，第4卷，第361页。
2　《作为教育家的叔本华》6。KSA，第1卷，第393—394页。
3　《悲剧的诞生》15。KSA，第1卷，第99页。
4　参看《悲剧的诞生》24。

者的首要原因。"[1] 尼采并非要抹杀科学本身的价值，相反，对于卢梭否定科学文化而提出"回到自然"的倒退主张，他是坚决反对的。问题在于，要恰如其分地看待科学的价值，它只具有工具价值。如果把科学当作目的本身，漫无止境地追求对物的支配，结果只能丧失人生本真的意义，使人成为物的奴隶。

尼采用来同科学精神相对立的恰是酒神精神。他说："贪得无厌的乐观主义求知欲与悲剧的艺术渴望之间的斗争，是在现代世界的最高境界中进行的。"[2] "我们今日称作文化、教育、文明的一切，总有一天要被带到公正的法官酒神面前。"[3] 在尼采看来，科学精神是一种浅薄的乐观主义，它使人浮在生活的表面，追求物质的繁荣，以这种繁荣给人生制造一种虚假的乐观气氛。他无限缅怀他想象中的古希腊人的生活方式，这是一种审美的生活方式，人们对人生的悲剧性有深切体验，而从充满生命热情的艺术化的生活中寻求解救。

尼采的特点是强调生命本能与精神性之间的统一，他认为，生命本能愈健全，精神追求就愈强烈。所以，他始终把苏格拉底哲学重逻辑性轻精神性的倾向看作本能衰退的征兆。他一再说，苏格拉底是"希腊衰亡的工具"，是"颓废的典型"。在苏格拉底那里，"'理智'胜过了本能，而'理智'无

---

1 《偶像的黄昏》：《德国人缺少什么》3。KSA，第6卷，第105页。
2 《悲剧的诞生》16。KSA，第1卷，第102—103页。
3 《悲剧的诞生》19。KSA，第1卷，第128页。

论如何是一种破坏生命的危险力量"[1]。希腊哲学是希腊本能的衰退，苏格拉底及其弟子柏拉图是"希腊精神的颓废派"，是"对古老高贵趣味的反动"。[2] 苏格拉底之后，希腊人更热心于逻辑和世界的逻辑化，变得更乐观也更浅薄了。[3]

科学对生命本能的破坏，最典型地表现在它的仆人学者身上。我们已经谈到，尼采认为，学者类型的人因为长期从事科学工作，成了生命本能衰退、人性扭曲的畸形儿。

当然，许多伟大的科学家都是一些感情丰富、热爱生活的人，而从事科学探索工作同样也需要创造的激情和直觉的禀赋。尼采感到不满的是片面强调逻辑手段而忽视直觉的作用，他认为："在一切创造者那里，直觉都是创造和肯定的力量。"[4] 尼采尤其反对夸大科学造福人类的力量，全人类把注意力放在发展科学事业上，而忽视了人生更根本的问题的探究。也就是说，他提出的是一个在现在的科学技术革命时代已经引起人们普遍深思的问题：究竟是科学为人服务，还是人为科学服务？

尼采希望，当我们看清科学本身的局限性之后，我们心中能够产生一种悲剧意识，扫除人类主宰万物的幻梦，返回人生的根底，探求人生的真谛。由此建立的"悲剧文化"，区

1　《看哪这人》:《悲剧的诞生》1。KSA, 第6卷, 第310页。
2　《偶像的黄昏》:《我感谢古人什么》3。KSA, 第6卷, 第157页。
3　《自我批判的尝试》。KSA, 第1卷, 第14页。
4　《悲剧的诞生》13。KSA, 第1卷, 第90页。

别于科学至上的"苏格拉底文化","其最重要的标志是,智慧取代科学成为最高目的"。[1] 科学仍然是不可缺少的,但是它应当服从于智慧——人生意义的探求。

"真正的世界"的寓言

哲学开始于理性的觉醒。理性觉醒的第一个征兆就是对于感官的怀疑。我们感官所触知的这个生成变化的世界是真正的世界吗?在它背后还有没有另一个常驻不变的世界,非感官所能触知,然而更加真实呢?哲学家们冥思苦想,巴门尼德想出了那个不生、不灭、完整、唯一、不动的"存在",柏拉图想出了"理念世界"。直到近代,康德还在相信现象世界背后有一个"自在之物"的世界,黑格尔还在相信"绝对精神"的世界才是真正的世界。哲学始终与本体论结下不解之缘,这种本体论以构造"真正的世界"为唯一使命。

在尼采看来,这是哲学的最大迷误,而迷误的根源就是理性。

理性的逻辑本性使它本能地寻求条理化和秩序,因而害怕感官,篡改感官。一个理性主义哲学家总是蹲在他的冰冷的"概念"世界里,生怕自己被感觉引诱离开这个安全窝,到危险的南方海岛上去,在那里,他的哲学家的贞洁将如残

---

1 《悲剧的诞生》18。KSA,第1卷,第101页。

雪消融于阳光之下。他用蜡塞住耳朵,不敢听生命的音乐,怕音乐会使他像传说中的船夫一样魂迷而触礁沉舟。[1]"'理性'是我们篡改感官的证据的根源。"感官指明生成、变化、流逝,理性却要予以否定。所以,"几千年来凡经哲学家处理的一切都变成了概念木乃伊;没有一件真实的东西活着逃脱他们的手掌"。他们本末倒置,把最后来临的"最高概念"即最一般最空洞的概念置于开端。[2]

所谓"真正的世界"就是这样诞生的。这个"真正的世界"与人的理性相对应,能够被"四方形的渺小的人类理性"所容纳。[3]与此同时,与这个处在人生、自然、历史之外的世界相对立的我们这个现实世界,就必然要被否定而宣布为"假象的世界"了。

然而,哲学的历史发展使这个"真正的世界"逐渐变成了一个寓言。这是哲学从旧式本体论中解放出来的过程。尼采饶有风趣地描绘了这个过程。在柏拉图那里,这个世界是凡智者、虔信者、有德者皆可达到的,他居于其中,他就是这世界。在基督教中,这个世界仅仅被允诺给智者、虔信者、有德者即给悔悟的罪人。在康德那里,这个世界既不可达到,也不被允诺,黯然存在于永不消散的迷雾之中。到了实证主义者那里,它存在与否也不可知了。尼采称之为"理性的第

---

[1] 参看《快乐的科学》372。
[2] 《偶像的黄昏》:《哲学中的"理性"》1。KSA,第6卷,第74页。
[3] 参看《快乐的科学》373。KSA,第3卷,第625页。

154

一次哀鸣"。终于,尼采自己出场,干脆宣布废除这个"真正的世界"。只有一个世界,这就是我们生活于其中的生成变化着的现实世界。[1]

尼采把废除"真正的世界"这件事看得很重要,因为他认为所谓"真正的世界"的虚构正是传统道德的理论前提。他指出:这一虚构"是用一种'彼岸的'生活、一种'更好的'生活向生命复仇"。"世界分为'真正的'世界和'假象的'世界,不论是按照基督教的方式,还是按照康德的方式(毕竟是一个狡猾的基督徒的方式),都只是颓废的苗头——是衰败生命的征兆……"[2] 做成这件事的是理性,所以尼采把理性看作败坏本能的因素。

尼采在这里批判理性,并不是要反对对世界做任何概括。事实上,当他把世界归结为强力意志或生成变化着的生命意志时,他自己就在进行概括。他反对的是按照人类自身的理性本性去构造一个合乎理性的世界模式,然后又用这样的世界模式来规束人的现实生活。这样,理性在世界上所看到的不过是它自身,逻辑把自己的界限当作世界的界限,人类认识活动的工具被抬高到至高无上的地位,冒充为形而上学的真理,进而冒充为最高的价值标准。于是,生命被贬值,本能受压制,法则统治一切,人生失去了生命的活力和乐趣。

---

[1] 《偶像的黄昏》:《"真正的世界"如何终于变成了寓言》。KSA,第6卷,第80—81页。

[2] 《偶像的黄昏》:《哲学中的"理性"》6。KSA,第6卷,第78—79页。

在尼采看来，我们所获得的任何关于世界的观念，永远是对世界做了某种加工的产物。在这个意义上，整个世界不过是用来表示我们作用于它的不同方式的总和的一个词。根本不可能有与人无关的纯粹的世界概念，即所谓"自在之物"或"真正的世界"。"这是什么"这个问题总是以"这对于我是什么"这个问题为基础的。"只有一切生灵都向一个事物提出了自己的'这是什么'的问题并作出了回答，这个事物才得到了描述。"[1] 世界永远是透过一定的意识结构、价值系统的棱镜给予人的。因此，旧式本体论寻找纯粹世界概念的努力是徒劳的，自命找到了这种概念的自负是可笑的。我们应当如实地看待我们的世界概念，把它的意义问题提到首位。

也许我们可以指责说，尼采自己也提出了某种本体论意义上的世界概念。他反对按照人类理性构造世界模式，自己却走到了另一极端，按照人类的生命本能构造了一个生命本能充溢的强力意志的世界模式。是的，强力意志概念在他那里的确获得了某种本体论意义。不过，在他看来，这至少更符合我们生活于其中的这个现实世界的真相，世界就是这样一个没有理性、没有目的、不断自我创造和自我毁灭的过程。人类理性很难接受这个事实，可是我们只有摆脱理性的偏见，承认世界本身并无意义，然后才能给世界提供一种人的意义。给世界提供意义也不能诉诸理性，而要诉诸生命整体。不妨把世界的无意识的创造和毁灭看作生命力丰裕过剩的表现，

1　《强力意志》556。

与此相应地，人也应该充满活力地度过自己的一生。

理性的原罪

哲学家们出于道德偏见，以理性为高贵、非理性为低贱，并且认定高贵者不能从低贱者生长出来。[1]可是，尼采认为，一切理性的事物，追根溯源，血统并不纯洁，都是来源于非理性。"一切悠久的事物必定逐渐被理性渗透，从而使得它们的非理性起源变得不可信了。"[2]理性之起源于非理性，尼采称为"理性的巨大原罪"。[3]

在尼采看来，人类的全部精神活动，无论认识活动、道德活动还是审美活动，都以非理性为基础。这个非理性基础就是人的生命本能。

"无论用善的眼光还是恶的眼光看人，我总是发现他们只有一个使命，全体和每一个个体皆然：做有利于人这个物种的保存的事情。并且，其实不是出于对这个物种的爱的情感，而只是因为在人身上没有比这更古老、更强烈、更无情、更不可克制的本能了——因为这一本能正是我们的类和群的本质。"这种物种保存的冲动"时时爆发为理性和心灵激情"。[4]

---

1 参看《偶像的黄昏》:《哲学中的"理性"》4。
2 《朝霞》1。KSA，第3卷，第19页。
3 《偶像的黄昏》:《四种大谬误》2。KSA，第6卷，第89页。
4 《快乐的科学》1。KSA，第3卷，第369、371页。

所以，精神、理性、认识、思维、灵魂、意志，一切都是类的保存的工具。肉体是一个大理智，精神只是一个小理智，是为肉体服务的。[1] 尼采所强调的生命本能是类的生命本能，这种本能表现在个人身上，便是个人内在的生命力，这是我们必须记住的。

首先，"认识是被当作强力的工具使用的"。[2] 人的感官并非感知一切，它只"选择这样一些知觉——我们必须依靠它们，才能保存自己"。所以，"所有的感官知觉全都是与价值判断交织在一起的"。[3] 陌生的事物威胁生命，使人恐惧，人于是要变陌生为熟悉。认识的需要就是熟悉的需要。"驱使我们认识的，岂不是恐惧的本能？认识者的快乐，岂不正是重获安全感的快乐？"哲学家把世界归结为他熟悉的观念，就以为世界被认识了。人们总是错把熟悉当作认识，其实，熟悉即习惯，而习惯了的东西正是最难认识的。[4]

"真理"同样是用我们所满意的方式来把握世界这样一种需要的产物。"求真理的意志"实际上是求一切存在可以思议、可以为人的精神所把握的意志，所以也就是求强力的意志。[5] 更透彻地说，真理是"一种原则上是伪造的体系在生物

1　参看《查拉图斯特拉如是说》：《肉体的蔑视者》。
2　《强力意志》556。
3　《强力意志》292。
4　《快乐的科学》355。KSA，第3卷，第594页。
5　参看《查拉图斯特拉如是说》：《自我超越》。

学上的利用"[1],是人类的一种有利于保存族类的"无可非难的错误"[2]。"认识的力量不在于它的真理程度,而在于它的古老,它的长入人性,它的作为生存条件的性质。"[3]

逻辑也只是族类保存的一种手段。"人头脑中的逻辑从何而来?当然来自非逻辑。""把相似物当作相同物处理这种占优势的倾向,这种非逻辑的倾向——因为本来就不存在相同物——最初创造了逻辑的全部基础。"观察太精确、推论太迟缓的生物不适于生存。为了生存,宁肯决定而不必正确,宁肯错误而不愿等待,如此养成习惯而化作逻辑。[4]

理性主义哲学把认识看作与利益无关的自我封闭过程,针对这种传统观点,尼采提出了认识本身的基础问题,并且把这个问题与主体的生命需要联系起来。尼采想强调的是,人的全部认识过程都依赖于人的生命需要,没有也不可能有所谓纯粹认识。因此,对于认识过程的考察不能局限于认识过程本身。"认识只能是什么?——只能是'描述',放进意义——并不是'说明'……"[5] "我们称之为'解释'的,其实是'描述',后者是我们比认识和科学的古老阶段高明的地方。我们描述得较好,解释则和前人一样少。"[6]

---

[1] 《强力意志》328。
[2] 参看《快乐的科学》110、265。
[3] 《快乐的科学》110。KSA,第3卷,第469页。
[4] 《快乐的科学》111。KSA,第3卷,第471页。
[5] 《强力意志》321。
[6] 《快乐的科学》112。KSA,第3卷,第472页。

从这个意义上说，真理、逻辑、理性范畴都只是"有用的伪造"。不过，即使是伪造，仍有其功用。尼采并非要我们抛弃这些理性手段，他是要我们如实地把它们看作手段，而不要看作真理，甚至看作世界的本性，把相对性绝对化了。[1] 对于我们的一切观念，只应从意义的角度来考察，即看它们表现或掩盖了我们的什么需要，服务于什么目的，是何种欲求的标记。

道德活动与类的保存的关系更加密切。道德无非是对于人的冲动和行为的一种评价和排位。"这种评价和排位始终是一个群体的需要的表达：对它有利的程度也就是全体个人的最高价值尺度……一个群体的保存条件与另一个群体很不同，所以就有很不同的道德。"[2] 善恶的评价完全受求强力的意志支配。[3]

审美活动的非理性性质又要超过认识活动和道德活动。"'全部美学的基础'是这个'一般原理'：审美价值立足于生物学价值，审美满足即生物学的满足。"[4] "美属于有用、有益、提高生命等生物学价值的一般范畴之列……久远以来提示着、联系着有用事物和有用状态的种种刺激给我们以美感，即力量增长的感觉。"[5]

---

[1] 参看《强力意志》328。
[2] 《快乐的科学》116。KSA，第 3 卷，第 474—475 页。
[3] 参看《查拉图斯特拉如是说》：《自我超越》。
[4] 遗稿。GA，第 14 卷，第 165 页。
[5] 《强力意志》804。

我们发现，尼采在探索人类精神生活的非理性基础时，有把精神活动生物学化的倾向。他似乎过分强调了人类一切价值的生物学意义。从人类的角度看，他把真、善、美都理解为某种生物学功能；把这种观点运用到个人身上，他就对个人的精神现象做出了生理学的解释。他确实提出了哲学诊断学、道德诊断学、艺术生理学之类的主张。

例如，他曾经谈到每一种哲学不过是"一种个人的养生本能""个人冲动的理智曲径"，是把个人的某种强烈欲望翻译成了抽象的语言。[1] 他还说哲学在纯精神的外衣下隐藏着生理上的需求，哲学家关于世界和人生的观点可以当作"肉体的症候"看，他期待有一位"哲学医生"，专门研究民族、种族、时代、人类的集体健康，并且下出如此诊断："在全部哲学研究中，迄今为止所涉及的完全不是'真理'，而是别的东西，譬如说健康、未来、生长、权力、生命……"[2]

例如，他把道德上的善恶也看作生理上健康和衰弱的结果。"一个发育良好的人，一个'幸运儿'，他必须采取某种行为，而对于他种行为本能地踌躇，他把他生理上配置的秩序带进他同人与物的关系之中。公式：他的德行是他的幸福的结果……"而"当一个民族衰微，在生理上退化，接踵而至的便是罪恶和奢侈（这意味着需要越来越强烈和频繁的刺

---

1 《朝霞》553。KSA，第 3 卷，第 323—324 页。
2 《快乐的科学》序。KSA，第 3 卷，第 349 页。

激,犹如每个耗竭的天性所熟悉的)"。[1]他又说:"我们的道德判断和估价,也岂非某种我们未知的生理过程的现象和幻影,指称某种神经刺激的习惯语言?"[2]尼采还提出了研究"犯罪生理学"的主张,要求把罪犯当作病人看待,不是惩罚他们,而是给予治疗。[3]

例如,他认为美学是"应用生理学"[4],并且拟定了一个题为"艺术生理学"的提纲。他强调审美依赖于肉体的活力:"审美状态仅仅出现在那些能使肉体的活力横溢的天性之中,永远是在肉体的活力里面。"[5]他探讨了审美与性欲的关系,论述了性欲的美化能力以及艺术创造力与性能力的联系。[6]他还谈到了艺术病理学的问题,提出了"天才=神经病"的公式。[7]后面这两个观点在弗洛伊德学说中得到了发展。

那么,能否把尼采看作一个将社会现象归结为生物学现象的社会达尔文主义者呢?恐怕不能。尼采所强调的是人类精神生活与类的保存之间的总体上的联系,用意在于为人类精神生活确定一个评价标准。既然一切精神活动都起源于类的保存这样一种生命需要,那么,对于任何精神现象都应当

---

1 《偶像的黄昏》:《四种大谬误》2。KSA,第6卷,第89页。
2 《朝霞》119。KSA,第3卷,第113页。
3 参看《朝霞》202。
4 《尼采反对瓦格纳》。KSA,第6卷,第418页。
5 《强力意志》801。
6 参看《强力意志》800、805、806、808、815。
7 海德格尔:《尼采》,1961年德文版(M. Heidegger. *Nietzsche*, 2Bände. Neske 1961),第1卷,第94页。

视其是否有利于人类总体生命的兴旺而决定其价值。凡是导致人类总体生命兴旺的，就是真的、善的、美的，否则便是假的、恶的、丑的。至于在具体个人身上，总体生命的兴衰则体现为个人内在生命力的强弱。注意：是内在生命力，而不是单纯的体格强壮或内脏健康。这更多的是指一种精神上的活力，感受生命的能力，对生命的热爱。也就是说，我们不能仅仅从字面上去理解他所说的"生物学"和"生理学"，毋宁说这是一种生物学化和生理学化的心理学。海德格尔在分析尼采的美学思想时指出："当尼采谈论生理学的时候，尽管他强调的是肉体状态，但肉体状态在自身中已经总是某种精神的东西，从而也是'心理学'的东西。"例如，对于尼采来说，审美状态是一种不可分割的肉体精神状态的整体，是"活着的情绪存在，是留在情绪中的肉体存在，是交织在肉体存在中的情绪"。[1] 这一分析是有道理的。尼采自己就体弱多病，可是又有着旺盛的生命活力，我们在理解他的思想时不妨考虑一下这种个人背景。

挑开意识的帷幕

尼采极感自豪的一件事是他对人类心理的洞察力。他自称是"无双的心理学家"，并且用前无古人的口吻问道："在

---

[1] 海德格尔：《尼采》，第1卷，第114、115、125页。

我之前,哲学家中有谁是心理学家,而不是其反面,即'高级骗子''理想主义者'?在我之前,心理学还根本不存在。"[1]我们不要说他太自负,他的确是揭开人的深层心理并加以仔细分析的第一人。他在这方面的贡献已经得到后继者的公认。弗洛伊德承认他预见到了精神分析学的基本思想。雅斯贝尔斯称颂他是与克尔凯郭尔比肩的大心理学家,是深层心理学大师。[2]

尼采之前的心理学,如同哲学一样,浸透着理性主义的精神。其研究对象,往往局限于人的心理生活的有意识领域,如意识、感知觉、观念、联想、注意,等等。在尼采以前,触及无意识问题的倒是几位德国哲学家。莱布尼茨提出,人对自身内在状态的意识(统觉)是由许多无意识的微小感觉结合而成的,这正如无数不可闻的水滴声造成汹涌的涛声一样。赫尔巴特提出了一个"意识阈"的概念,认为被抑制在阈限之下的观念是无意识的。谢林也曾经谈到艺术直观中无意识活动与有意识活动的同一性。从尼采自己的供述看,他显然受到莱布尼茨的影响。尼采曾经谈到,莱布尼茨比笛卡尔以及同时代一切哲学家高明之处在于,他发现了所谓意识不过是构成我们精神的心理世界的状态之一,而远非这心理世界本身。[3]不过,在尼采看来,莱布尼茨只是提出了问题,

---

[1] 《看哪这人》:《为何我是命运》6。KSA,第6卷,第371页。
[2] 参看雅斯贝尔斯:《尼采导论》,第130页。
[3] 参看《快乐的科学》357。

而问题本身却始终不曾有人加以深入探究。我们的精神世界还是像埃及一样：一片荒漠，几座庞大的金字塔；而且这些金字塔大部分是进不去的，进去了，也只见到些可怜的尸体。于是尼采自己决心深入金字塔里去探险。

尼采曾经指出，我们对于外部世界的认识不可避免地经过了我们的加工，是一种"有用的伪造"。现在他进一步推论，我们所谓的"内心世界"也以同样的方式经过了加工。"我们意识中显现的一切，从一开始就在其全部细节中被配制、被简化、被图式化、被解释过了。"因此，"认识论专家们所认定的那种'思维'全然没有发生，这是完全任意的杜撰，借突出过程中的一个因素、排除其余一切因素而造成，是为了理解而人为做出的整理……"[1]实际上，人的精神生活是一个复杂的复合体，意识仅仅抓住其表面的东西，它的作用只在于寻求最大利益。"一般来说，何种东西被我们意识到，其尺度完完全全取决于被意识到的明显效用。"[2]

那么，意识的作用究竟何在呢？尼采认为，其作用仅仅在于人与人之间的传达："意识原本只是在传达的需要逼迫下发展出来的——一开始它只在人与人之间（尤其在命令者与服从者之间）才是必要的、有用的，并且按照这有用的程度而发展。意识其实只是人与人之间的一个联系网——只是作为这个联系网而必须发展：隐士和野人是不需要它的。"人为了寻

---

[1] 《强力意志》477。
[2] 《强力意志》474。

求同类的帮助，就需要"知道"自己的意思和想法，于是需要"意识"。如同每一种生物一样，人始终在思考却不自知；被意识到的思想只是其中极小的一部分，不妨说是最表面、最差的一部分。由此尼采得出结论："意识其实不属于人的个人生存，毋宁说属于人身上的社会本性和合群本性。"所以，对于个人来说，"自我认识"近乎是不可能的，凡是得以进入意识的偏是他身上的非个人性的东西、平均化的东西。每个人的行为在根底上是个人的、独一无二的，可是一旦进入意识，就变得面目全非了。[1]

这就是尼采对于意识的分析和评价。指出意识的社会性和非个人性，无疑是对的。至于尼采因此而对之贬薄，是出于他的人生哲学观点。在他看来，个人的独特感受具有极高的人生价值，因此他极其恼恨把这种感受一般化、平庸化的意识之作用。

现在我们来看看尼采对于无意识的分析。关于我们心理生活中存在着一个广阔的无意识领域，尼采是反复作了论述的。他一再指出，我们精神生活的绝大部分是无意识地进行的，我们不知道心灵中的种种冲动及其相互斗争的过程，而只知道其斗争的结果，即各种冲动之间所达成的一定关系。[2] 然而，揭开无意识领域的奥秘具有极其重要的意义，因为尼采认为，这个领域正是人的行为的真实动机之所在，也是人

---

[1] 《快乐的科学》354。KSA，第3卷，第591—593页。
[2] 参看《快乐的科学》111、127、333、354。

的"心灵"的真正诞生地。

有一种古老的谬见,以为人知道自己的行为是怎样发生的。连苏格拉底和柏拉图也对这种谬见深信不疑,确认"正确知识必然产生正当的行为"。事实却是:知识从来不曾产生行为,知识与行为之间的桥梁未尝联结过。[1]尼采把"每个行为的原因必在意识中"这一看法称作"心理学中最基本的伪币制造",并悲叹它竟被树为心理学原则本身。[2]他认为,人们在行动时,往往是受激情和兴趣支配,而不是受理智支配。[3]"我们总是从我们认为错误的判断中,从我们已经不信的学说中引出结论,——由于我们的感情。"[4]人在意识中权衡自己行为的结果,进行抉择,这并非真正的"内心交战"。行为往往离开意识的支配,而被肉体的变化、心血来潮、潜伏感情的活跃等因素所影响,这才是"内心交战"。[5]总之,"思想是一回事,行为是另一回事,行为的印象又是另一回事。因果之轮并不在它们之间转动"。[6]

一般人以为自己的行为总是有着一定的目的,尼采认为,所谓目的只是我们的幻想,其实是"需要"的铁手,摇着

---

1 参看《朝霞》116。
2 《偶像的黄昏》:《四种大谬误》7。KSA,第6卷,第95页。
3 参看《朝霞》27、28。
4 《朝霞》99。KSA,第3卷,第89页。
5 参看《朝霞》129。
6 《查拉图斯特拉如是说》:《苍白的罪犯》。KSA,第4卷,第45—46页。

"偶然"的骰子盒，决定着我们的行为。[1] 行为的真正动因是我们心理中积聚的某种力量，这种力量等待着释放，而"目的"不过是为释放找到的或然性极大的某个渠道。[2]

存在于无意识之中、支配着人的行为的力量究竟是什么呢？就是需要，或者说冲动。"在每一场合都有一种冲动得到满足……这冲动抓住这个事件如同它的一个掠获物。"[3] 尼采感叹人们对于冲动所知太少，对于这些冲动的数目和强度、落潮和涨潮、相克和相生，尤其是对于它们的营养规律，完全一无所知。可是，冲动的营养却是一件非同小可的事，往往决定了一个人的内心世界的性质。每一种冲动都不可遏止地寻求满足，如果得不到满足，就会或者如同得不到雨水的植物一样枯萎，或者寻求假想的满足。这就是营养的过程。由于我们对这个过程的无知，我们就把这种营养完全交给偶然性去支配。把冲动譬作乌贼鱼的触手，哪些触手得到营养而滋长，哪些因营养不良而枯落，完全听凭偶然。这样长成的乌贼鱼，即我们的人性，也就成了偶然的产物。[4]

人的内心世界的状态和性质完全取决于各种冲动此消彼长的具体情况。"所有未能向外释放的冲动都转向了内部——人身上事后被称作他的'心灵'的东西借此方才长成。整个内心世界，原本单薄得好似夹在两张皮之间一样，当人的向

---

1 参看《朝霞》130。
2 参看《快乐的科学》360。
3 《朝霞》119。KSA，第 3 卷，第 114 页。
4 参看《朝霞》119。KSA，第 3 卷，第 111—112 页。

外释放受阻之时,便适度地彼此分开和生成,获得了深度、宽度和高度。"[1]

并非人的一切冲动都应当得到满足的。现实情境也确实迫使人抑制自己的某些冲动。抑制在少数情形下导致冲动的消失,在多数情形下却驱使人寻求变相的满足,用精神分析学的术语说,就是"移置"。在精神分析学中,移置作用的揭示实为阐明无意识机制的关键。我们看到,尼采对于各种移置方式实际上都已经有所论述。

第一,梦幻。被压抑的冲动在梦幻中得到满足,包括夜梦和昼梦。弗洛伊德以《梦的解析》(1900)一书为精神分析学奠基,而尼采比他早20年到30年就对梦的作用和机制做出类似的分析了。在《悲剧的诞生》中,尼采已经谈到,梦的必要性出于"我们最内在的本质,我们所有人共同的深层基础","每个人在创造梦境方面都是完全的艺术家"。[2] 在《朝霞》中,他又指出,饥饿不能用梦想的食物来满足,但多数冲动却正是用梦见的食物满足的。由此他谈到了"梦的价值和意义",即在于"在一定程度上补偿白天食物的偶然欠缺"。梦的直接原因似乎是由于睡眠时受到某种神经刺激,如血液和肠胃的运动、手臂或被盖的压迫、各种声响。可是,梦对于这些刺激的传译是非常自由的。同一本书,却受到不同的注解。同一种刺激,却可以梦见不同的原因。这正是因为有

---

1 《道德的谱系》第2章16。KSA,第5卷,第322页。
2 《悲剧的诞生》1。KSA,第1卷,第26—27页。

不同的冲动在寻求满足。[1] 弗洛伊德释梦的中心思想，即梦是受压抑的愿望经过改装了的实现，显然已经被尼采扼要地说出了。尼采还认为，人在醒时同样受冲动的支配，对事件做出自由的解释。在这一点上，醒与梦没有实质的区别，类似于一种昼梦。某一个事件发生时，"我们身上何种冲动正达到高潮，这个事件对于我们就具有何种含义；因为我们是不同类型的人，它也就成了完全不同的事件"。所以，我们的经验是我们放入事件中去的东西，而非其中原有的东西。[2]

第二，替代。冲动由于缺乏满足的对象，或者由于人本身的软弱而无能加以满足，便在心理中形成一种紧张状态。它力求在一种方便的替代中释放自己。这种替代方式往往是消极的，不过是冲动未得满足的发泄和破坏举动。尼采特别在基督徒身上看到这种现象："保罗已经认为，必须有一个牺牲，使上帝对于罪过的盛怒得以消除。自那时以来，基督徒不曾停止过在一个牺牲身上发泄他们对于自己的不快——不管这牺牲是'世界''历史''理性'，还是别人的快乐和安宁——总得有什么好东西为了他们的罪过而死（哪怕只是用模拟的方式）！"[3] "灵魂也须有它的某种阴沟，以便把它的垃圾往其下倾倒：派此用场的是角色、关系、立场、祖国、世界，或最后——亲爱的上帝。"[4]

---

1 《朝霞》119。KSA，第 3 卷，第 112 页。
2 《朝霞》119。KSA，第 3 卷，第 114 页。
3 《朝霞》94。KSA，第 3 卷，第 86 页。
4 《人性的，太人性的》第 2 卷第 2 部 46。KSA，第 2 卷，第 574 页。

第三，升华。即粗鄙的冲动移置为精致的冲动。"要是一种冲动变成理智的冲动，它便得到了一种新名称、新魅力和新评价。"[1]这种情形最典型地表现在性冲动之升华为各种高级冲动，如宗教之爱、博爱、艺术，等等。在强调性欲在人的精神生活中的巨大作用这一点上，尼采与弗洛伊德也十分相似。他认为："一个人的性本能的强度和特征一直贯穿到他的精神的顶点。"[2]他特别重视性冲动在艺术中的升华，认为艺术家都是一些性欲旺盛的人，而一个人在艺术创造中消耗的力和他在性行为中消耗的力是同一种力，所以艺术家应当从经济学角度考虑而保持相对的贞洁。[3]

第四，遗忘。尼采认为，遗忘不仅是记忆力的自发现象，而且是对经验作精神上加工的必要条件。"遗忘不是纯粹的惯性力……它更多的是一种主动的、在严格意义上积极的抑制能力……这种抑制机制在人身上工作着，他便一无牵挂了。"[4]记忆力是受冲动支配的："记忆力仅仅注意冲动的事实；它仅仅识别，什么东西变成了冲动的对象！"[5]一种受压抑的冲动为了在假想中得到满足，往往会歪曲记忆，故意遗忘。"我的记忆说：'我做过这事。'我的骄傲说，并且顽强地坚持：'我不

---

1 遗稿。GA，第12卷，第149页。
2 《善恶的彼岸》。KSA，第5卷，第87页。
3 参看《强力意志》800、805、806、808、815。
4 《道德的谱系》第2章1。KSA，第5卷，第291页。
5 遗稿。GA，第11卷，第281页。

可能做这事。'最后，记忆让步了。"[1]遗忘成了满足愿望的手段。我们不禁想起了弗洛伊德对于日常生活中种种过失的心理分析。

尼采认为，潜伏在人的无意识中的冲动的种类是不计其数的，他提到的就有：快乐的需求、战斗的需求、求强力的意志、死亡的欲求、求真理的意志、认知的需要、安宁的需要、幸福本能、合群本能，等等。他似乎反对把众多的冲动归结为其中的一种，甚至讥讽地说，如果一个人不论在何处都只看到饥饿、性欲或虚荣心，仿佛它们是真正的和唯一的动机，我们就可以从这个"长在猿身上的科学头脑"那里得到可靠的教益，知道他有何种个人特性。[2]不过，尼采自己也把一切冲动最后归结为唯一的一种冲动即强力意志了，当然，以子之矛，攻子之盾，他的话同样适用于他自己，我们也可由他所作的这种归结看出他的个人特性。

谈到尼采对于无意识的研究，还不能不提一下他已经触及了类似荣格后来提出的"集体无意识"或"原始意象"的观念。这里只要摘引两段话就够了："在激情的爆发中，在梦和疯狂的幻境中，人重新发现了他和整个人类的史前状态，兽性及其狰狞模样；这时他的记忆回到了遥远的过去，而他的文明形态是通过忘却这种原始经验亦即抛开这种记忆才发

---

[1]　《善恶的彼岸》68。KSA，第5卷，第86页。
[2]　参看《善恶的彼岸》26。KSA，第5卷，第45页。

展起来的。"[1] "我在独处时发现,古老的人性和兽性,乃至整个原始时代,一切有情的过去,在我身上继续创作着,继续爱着,继续恨着,继续推论着……"[2] 尼采称他的这种意识为"幻象意识",并不能证实,可是会不期然而然地从我们的无意识的海底浮现到海面上来。

语词的化石

尼采对于理性的批判,还有一个不可不提的方面,就是对于语言的批判。

语言对于真实意义的遮蔽作用及其所引起的混乱,已经引起现代西方哲学界的普遍注意。甚至可以说,它几乎是各派哲学的一个共同出发点。逻辑经验主义由此而把哲学的使命归结为分析语词的意义,使命题得到澄清,由此,语义学一时风行。存在主义、现象学等非理性主义流派也愈来愈重视语言问题,试图探索某种对话式直接沟通的途径。尼采的作用是提出了问题,揭露语词的遮蔽、迷惑和歪曲作用,至于如何解决问题,则要留待后人了。

尼采认为,语言与意识是同步发展的,它的作用是充当传达的标记。因此,它和意识一样仅属于人的社会性领域。

---

[1] 《朝霞》312。KSA,第3卷,第226页。
[2] 《快乐的科学》54。KSA,第3卷,第416—417页。

在这个意义上,他轻蔑地称语法为"大众形而上学"。[1]他还把理性称作"语言形而上学的基本假设",把"语言中的'理性'"形容为"一个多么欺诈的老妪"。[2]在他看来,语言的遮蔽作用,既表现在对外部对象的遮蔽上,也表现在对我们内心世界的遮蔽上。

关于对事物的遮蔽,尼采说:"先民无论在何处搁下一个词,便相信自己作出了一个发现。其实完全是另一回事!——他们只是触到了一个问题,便误以为把它解决了,这就给解决设置了障碍。——现在我们进行任何认识活动时都会绊在词的化石上,而且往往是碰断了一条腿,而不是破解了一个词。"[3]又说:"事物是怎样称呼的,比起它是什么,要远为重要得多,看到了这一点,我感到特别劳神而且仍继续感到特别劳神。一个事物的称呼、名字和外表,效用和通行的尺度、分量——当初往往源于一种错误,一种任意性,像一件衣服盖在事物上面,与其实质乃至表皮完全是两回事——由于对它们的相信,由于一代代的生长,它们就仿佛逐渐生长到了事物上面和生长进了事物里面,化作了事物的躯体:开始时的现象最后几乎总是变成了本质并且作为本质起作用!"[4]

语词只能表示一般,不能表示个别。在尼采看来,问题

---

[1] 参看《快乐的科学》354。KSA,第3卷,第593页。
[2] 《偶像的黄昏》:《哲学中的"理性"》5。KSA,第6卷,第77、78页。
[3] 《朝霞》47。KSA,第3卷,第53页。
[4] 《快乐的科学》58。KSA,第3卷,第422页。

不止于此。更严重的问题在于，语词在形成之初就带有任意性，可是一旦形成就取得了支配我们思想的威力，我们把语词看得比事物本身还重要，生活在语词之中，与事物本身却越来越隔膜了。

关于对内心世界的遮蔽，尼采指出："语言以及作为语言之基础的偏见，给我们探究内心活动和冲动设置了重重障碍，例如通过这种方式：只为最强烈的内心活动和冲动准备了语词。于是，我们就习惯于在没有语词的地方不再作仔细的观察了，因为在那里再作仔细的思考是很艰难的；从前的人甚至不由自主地认为，语词的领域终止之处，存在的领域也随之终止。愤怒，仇恨，爱，同情，渴望，认识，快乐，痛苦——这些便是为极端状态准备的全部名称；我们忽略了比较和缓、中间的状态，更忽略了一直在进行着的细微的状态，而正是它们织成了我们的性格和命运之网。"[1]"我们真正的经验全然不是饶舌的。它们即使想要，也不能够传达自己。因为它们缺乏语词……语言似乎只是为平均的、中庸的、可传达的东西发明的。说话者业已用语言使自己平庸化。"[2]"即使是自己的思想，也不可能用语词完全表达出来。"[3]

人的大部分内心生活是无意识的，它们当然不能用语词表达。即使是被意识到的东西，例如自己的思想，或某种情

---

[1] 《朝霞》115。KSA，第3卷，第107页。
[2] 《偶像的黄昏》：《一个不合时宜者的漫游》26。KSA，第6卷，第128页。
[3] 《快乐的科学》244。KSA，第3卷，第514页。

绪状态，也不能用语词完全表达出来。语词夺去了人的思想和情感的个人性，把它们一般化了。就拿那些有语词可表示的极端心境来说，一种痛苦不同于另一种痛苦，一种欢乐不同于另一种欢乐。你一旦用语词来表达你的痛苦或欢乐，每个人都将按各自的经验来理解，结果还是夺走了你的痛苦或欢乐的个人性。愈是独特的思想和情感，就愈是难以表达。有独特个性的人每每感觉到这种不能表达的痛苦。

使尼采感到不满的是，人们不但不去揭穿语言的遮蔽作用，反而有意无意地借助语言的遮蔽作用来逃避自我，逃避深刻的内心生活。"大家都需要新的语词的闹铃，系上了这些闹铃，生活好像就有了一种节日般的热闹气氛……大家都在逃避着回忆和内心生活。"[1]在现代西方社会中，语言的非个人性使它成了操纵个人的有效工具。商业广告、新闻广播、竞选演说、大众传播媒介，各式各样的语言闹铃响成一片。人人争着说话，可是谁在思想呢？愿意思想的人又到哪里去找一块安静的地方呢？……

---

[1] 《作为教育家的叔本华》5。KSA，第1卷，第379页。

第七章　价值的翻转

怎么，大海沉落了？
不，是我的土地在生长，
一种新的热情托着它上升！

——尼采

到现在为止，我们好像一直是在尼采哲学的前厅里滞留，逐一观摩了这位主人珍爱的各种宝物：酒神精神，强力意志，评价，创造，"自我"，非理性。可是，我们的好斗的主人拥有这些珍宝却不单单是为了观赏的。当我们的双脚踏进正厅时，呈现在我们眼前的是一派战斗景象。这位现代唐吉诃德正在孤身作战，每一件珍宝都是他的武器，用来向一切传统价值开火。

尼采自己说："一切价值的重估——这是我关于人类最高自省行为的公式，它已经变成我的血肉和天才。"[1]

尼采酝酿已久、终未完成的他一生的主要著作，按照他

---

[1] 《看哪这人》:《为何我是命运》1。KSA，第 6 卷，第 365 页。

自己的计划，标题为"强力意志"，副题即为"变革一切价值的尝试"。

在尼采的全部学说中，没有比"一切价值的重估"这声响亮的号召更加震撼现代西方人心灵的了。西方人精神生活中的巨大变化，归结到一点，就是价值观念的变化。

尼采不是书斋里的学者，也不是世外桃源里的隐士。"我不是一个人，我是炸药。"[1] 就在他漂泊于山巅海滨之际，殊不知他也在欧洲文明的大厦下埋好了雷管和引线。我们现在已经听到了悠远的爆炸声。

真的，他的种种理论都在为这一声爆炸做准备。他也确实做好了准备。

"评价就是创造"，人有评价的自由，评价的改变导致人类发展方向的改变："重估一切价值"的必要性和可能性。

酒神精神和强力意志，对生命和强力的肯定：最高的价值原则，"重估一切价值"的最高尺度。

围绕这一最高尺度的派生尺度：用创造反对安于现状，用"自我"反对个性泯灭，用本能反对片面理性，等等。

重估的范围甚广，包括宗教、道德、哲学、科学、文化、艺术等。中心是道德批判，因为尼采认为，在一个时代、一个民族乃至整个人类，道德观念即对善恶的评价基本上决定了其精神面貌。欧洲传统文明的症结在于善恶的颠倒。由于欧洲传统道德即是基督教道德，道德批判与宗教批判又是融

---

[1] 《看哪这人》：《为何我是命运》1。KSA，第6卷，第365页。

为一体的。现在从事这一批判的条件业已成熟,因为——"上帝死了"。

上帝死了

　　文艺复兴以来,欧洲人的基督教信仰已经逐渐解体。哲学家们从本体论、认识论、科学知识、历史考证各个角度对基督教原理进行批判,并且从中引出了激进的政治变革(18世纪法国唯物论者)和哲学变革(费尔巴哈)的结论。尼采区别于前人的地方在于,他第一个明确指出了基督教信仰解体之后欧洲出现价值真空这个事实,并且把基督教批判与欧洲传统价值观念的批判紧密结合起来。

　　尼采不愧是个诗人哲学家,从他的"上帝死了"这一声耸人听闻的呼喊中,欧洲信仰危机的严重性形象地呈现在人们面前了。在哥白尼的《天体运行》发表三四百年之后,在科学迅速发展的现代,还有多少人真的相信上帝创造了世界?可是人们照样信教,进教堂,为的是好歹总得有信仰,否则人生便失去了依托。现在尼采向他们大喝一声:上帝死了!你们天天进的教堂是上帝的坟墓!你们把死人当活人一样相信着,欺骗着自己,其实你们根本没有信仰!——犹如梦游者被唤醒,这些欧洲人怎能不毛骨悚然?其中坚强者又怎能不深自反省?

　　上帝是怎么死的?尼采给予二则寓言式的说明。一则从一个大白天打着灯笼寻找上帝的疯子口中说出:"是我们把他杀死的——你们和我!我们都是杀他的凶手!"[1]我们为什么杀死他呢?《查拉图斯特拉如是说》中那个最丑陋的人道出了真相:"上帝明察一切,包括人类:这个上帝必须死!这样一个证人活着,人类是受不了的。"[2]这是说人类谋杀了自己的监督者,暗喻基督教伦理与人类本性的不可相容。另一则说:"上帝也有他的地狱,这就是他对人的爱。""上帝死了;上帝死于对人的同情。"[3]"他看见人如何被钉到十字架上,忍受不了,他对人的爱成为他的地狱,最后成为他的死。"上帝年轻时艰辛而好复仇,后来渐渐年老,温和而慈悲,"最后有一天因他的过多同情而窒息"。[4]这里是暗喻犹太教和基督教由反抗的宗教蜕变为顺从和怜悯的宗教的历史,并把它的灭亡看作它的柔弱化的必然结果。

重要的不是上帝之死这个事实本身,而是这个事实所带来的后果。从前,人类的生活围着上帝旋转,上帝为人类的生活提供了一个目标、一种意义,他赏罚分明,一切善恶都将在他那里得到报应。现在,在"我们把这地球从它的太阳的束缚中解脱了"以后,"它现在往何处运动呢?我们往何处运动呢?……我们岂不好像要穿越无尽的虚无一样迷路了"?"上帝死了!上帝永远死了!正是我们把他杀死了!我们,凶

---

1 《快乐的科学》125。KSA,第3卷,第481页。
2 《查拉图斯特拉如是说》:《最丑的人》。KSA,第4卷,第331页。
3 《查拉图斯特拉如是说》:《同情者》。KSA,第4卷,第115页。
4 《查拉图斯特拉如是说》:《退职者》。KSA,第4卷,第323页。

手中的凶手，如何安慰自己呢？迄今为止支配世界的最神圣最强大者在我们的刀下流血——谁来替我们擦去这血？……这件大事对于我们岂非太大了？我们岂非必须自己变成上帝，才配得上这件大事？绝不会有更大的事了——凡是在我们之后出生的人，只因为这件事就属于更高的历史，高于迄今为止的全部历史！"[1]

尼采一再谈到上帝之死的划时代意义，一再感叹这件事太伟大了，太深远了。他甚至说，这件事把历史分成两半，在此之后人类才算真正存在。[2] 同时他也一再叹息这件事的伟大超出当时多数人的理解力之上，人们理解这件事的全部后果还需要时间。[3] 事情的严重性在于，对基督教上帝的信仰崩溃之后，"一切必将跟着倒塌，因为它们建筑在这信仰之上，依靠于它，生长在它里面：例如我们的整个欧洲道德。广浩连锁的崩溃、毁坏、没落、倾覆正呈现在我们面前……"[4]

这就是全面的信仰危机和价值危机。这就是"地球上尚无先例的一次晦暗和日食"。[5] 正像陀思妥耶夫斯基笔下的卡拉玛佐夫所说的："如果没有上帝，一个人岂非什么事都可以做？"

是的，的确没有上帝。上帝死了。善恶的法则无效了，

1　《快乐的科学》125。KSA，第3卷，第481页。
2　参看《看哪这人》：《为何我是命运》8。
3　参看《快乐的科学》125、343。
4　《快乐的科学》343。KSA，第3卷，第573页。
5　《快乐的科学》343。KSA，第3卷，第573页。

什么事都可以做了。可是，做什么呢？没有信仰、没有目标、没有寄托的人又能做什么呢？

尼采却在这空前的大崩溃中看到了空前的大自由，在这从未有过的黑暗中看到了从未有过的希望。"在我们眼里，地平线仿佛终于重新开拓了，即使它尚不明晰，我们的航船终于可以重新出航了，可以驶向任何风险了，认知者的任何冒险又重获允许，海洋、我们的海洋又重新敞开了，也许从来还不曾有过如此'开阔的海洋'哩。"[1]

不过，在尼采看来，这新的希望仅仅是属于少数优秀者的。从前，在上帝面前，人人都平等，都是受上帝支配的卑微者。现在，上帝死了，谁是无能支配自己命运的卑微者，谁是能够支配自己命运的高贵者，就泾渭分明了。上帝躺进了坟墓，人类中的创造者才得以复活。"现在伟大的正午才到来，现在高贵者才成为——主人！"[2]

上帝之死带来的新的希望是什么呢？尼采说，世界的这新的霞光和新的白昼就"在一切价值的重估之中，在对一切道德价值的摆脱之中，在对一切历来被禁止、蔑视、诅咒的事物的肯定和信赖之中"。[3]

原来，随着上帝之死而发生的价值真空反而提供了空前的机会，使人可以着手建立新的价值。在这个没有上帝的世

1　《快乐的科学》343。KSA，第3卷，第574页。
2　《查拉图斯特拉如是说》：《高贵的人》。KSA，第4卷，第357页。
3　《看哪这人》：《朝霞》1。KSA，第6卷，第330页。

界上，人生并无所谓"永恒的背景"，人，而且只有人才是评价者，一切价值都是人自己建立的，人必须自己来为自己的生活探索一种意义。过去，人把上帝尊为唯一的创造者，自己屈居被创造物的地位，由此而建立的一切价值都是颠倒的。"重估一切价值"就是要把被颠倒的评价重新颠倒过来，否定一切被肯定者，肯定一切被否定者。这也就是"价值的翻转"。

"一切价值的重估"的思想最早见之于《朝霞》一书。尼采在那里谈到，一向生活在基督教之中的人们是不可能正确评价基督教的，世界大得很，基督教不过是一个小角落。一个人必须不按基督教方式生活过许多年，经历了一种与基督教相反的真诚生活的热情，方可做出判断。他接着说："未来的人们将这样来对待过去的一切价值评价；一个人必须自由地再次体验它们以及相反的价值评价——为了最终有权决定取舍。"[1] 在同一本书里，尼采还主张"新的价值估定"要采取"不断给予轻量药剂"的渐进办法，而反对政治大革命的"感情用事的流血的江湖医道"。[2] 后来他仍然不赞成政治手段，不过在价值变革上的态度可要激烈多了。

在《快乐的科学》中，"重估"思想已明确形成："你相信什么？——一切事物的重量必须重新估定。"[3]

1　《朝霞》61。KSA，第3卷，第62页。
2　《朝霞》534。KSA，第3卷，第306—307页。
3　《快乐的科学》269。KSA，第3卷，第519页。

重估一切价值，重点在于重估道德价值。因为尼采发现："在地球上找不到比善和恶更大的权力了。"[1]道德对于人的心灵是一种无形的支配，它要求你在愤怒、恨和爱中的全部力量。[2]在哲学的一切阶段上，道德始终被看作最高的价值。[3]基督教实质上是一种伦理，一种与生命相敌对的伦理。然而这种伦理长期以来作为最高行为规范支配着人类，颠倒了善恶是非，把人类引向颓废。"如果最颓废类型的人上升为最高类型，那么，只有牺牲了与之相反的类型，即强健的、拥有生命良知的人的类型，这种情况才可能发生。如果畜生闪耀着最纯粹的道德的光辉，那么，杰出的人就必定会被贬为恶人。如果谎言一定要以'真理'之名装饰自己，那么，真正的老实人就只能求之于名声最坏的人之中。"[4]所以，尼采认为："道德价值的起源问题是头等重要的问题，因为它决定了人类的未来。"[5]

基督教伦理的颓废精神还渗透到了人类其他一切价值之中。它不仅被当作最高的生活价值，而且被当作最高的文化价值。真和美都要在善之中找到自己的归宿。所以，尼采又说："真理的闪电正击中了迄今为止最高的东西：谁明白

1　《查拉图斯特拉如是说》:《一千零一个目标》。KSA，第4卷，第76页。
2　参看《查拉图斯特拉如是说》:《快乐与激情》。
3　参看 GA，第15卷，第431页。
4　《看哪这人》:《为何我是命运》5。KSA，第6卷，第369—370页。
5　《看哪这人》:《朝霞》2。KSA，第6卷，第330页。

在这里什么被毁坏了,他就会看出是否还有什么东西留在手中……揭穿了道德的人,同时也就揭穿了人们信仰或曾经信仰过的一切价值的无价值。"[1]

尼采之所以要集中力量批判道德,还有一个重要原因,就是因为他发现:"道德迄今为止还未尝是一个问题……我未尝发现有人敢于批判道德价值判断。"[2] 在他看来,道德批判尚是一个空白领域。上帝死了,可是上帝的影子还在作祟,这影子就是道德。所以,"我们必须战胜上帝的影子"[3]!当然,在尼采之前,对基督教伦理做过批判的不乏其人,可是在尼采看来,他们都只是批判了基督教伦理的个别道德规范,而不曾触动其根底。他却不但否定了基督教伦理的根本原则,对善恶作了全新的评价,并且在一定意义上还否定了伦理本身,把数千年来视为明白无疑的东西带入问题的领域,把道德从至高无上的地位拉下来,确定了它对别的更高价值的从属关系。所以,他自称:"我是第一个非道德主义者。"[4]

超于善恶之外

尼采认为,要使"对于道德成见的思考"不成为"对于

---

1 《看哪这人》:《为何我是命运》8。KSA,第 6 卷,第 373 页。
2 《快乐的科学》345。KSA,第 3 卷,第 578 页。
3 《快乐的科学》108。KSA,第 3 卷,第 468 页。
4 《看哪这人》:《不合时宜的考察》2。KSA,第 6 卷,第 319 页。

成见的成见"，我们就必须站在道德之外的一个位置上，超于善恶之外，也就是首先摆脱了欧洲占统治地位的全部价值观念。可是，这些价值观念已经化作欧洲人的血肉。所以，道德批判是一件极为困难的事情。[1]

尼采对于道德的否认，据他自己说，有两层意思：第一，否认某人的行为是出于所谓道德的动机，也就是说，动机本身就不真实，真实的动机却是不道德的，是经过自我欺骗作用而化装成了道德的；第二，动机是真实的，然而这动机却是一种根本错误的道德观念。[2]

我们先谈第二层意思。

一种错误的道德观念可以成为导致一个正确行为的真实动机，犹如炼金术士在错误的炼金术观念支配下也可以做成功某些化学实验一样。所以，尼采强调："我之否定道德，正如我之否定炼金术，是否定它的前提。"许多不道德的行为仍然应该反对，许多道德的行为仍然应该提倡，但是两者都须出自与过去不同的根据。[3]

那么，尼采要否认的是道德的什么大前提呢？如果我们没有理解错尼采的意思的话，这个大前提我们不妨称之为"道德本体论"，也就是把道德实体化的倾向。

尼采说："人们知道我对哲学家的要求，就是站在善恶的

---

[1] 参看《快乐的科学》380。
[2] 参看《朝霞》103。
[3] 《朝霞》103。KSA，第3卷，第91页。

彼岸——超越道德判断的幻相。这一要求源自一种见解,我首次把这见解制成一个公式:根本不存在道德事实。道德判断与宗教判断有一共同点:相信不存在的实在。道德仅是对一定现象的解释,确切地说是一种误释。"[1]

根本不存在道德事实,道德仅是对一定现象的解释,这是尼采关于道德之本质的中心论点。问题在于,道德解释的是什么现象?也不是道德现象!"完全不存在道德现象,只存在对现象的一种道德解释。"[2]尼采根本否认道德的实在性,他要强调的是,道德判断并无一种道德现实与之相对应,所以它并无真理性。尼采一再强调,道德不是"自在"的,它仅仅是"意见",甚至是"对于本来并不存在的事物的意见"。[3]"道德并无自足的价值"[4];凭借道德概念,"人的价值还完全没有被触及"[5]。"不存在单凭自身就成为道德的道德。"[6]就像"为美而美""为真而真"一样,"为善而善"也是"用恶眼光看真实的一种形式"。[7]

尼采分别从人性、社会历史、自然三方面来论证不存在道德事实。

---

1 《偶像的黄昏》:《人类的"改善者"》1。KSA,第6卷,第98页。
2 《善恶的彼岸》108。KSA,第5卷,第92页。
3 参看《朝霞》536。又参看 GA,第11卷,第35页。
4 《偶像的黄昏》:《一个不合时宜者的漫游》37。KSA,第6卷,第137页。
5 遗稿。GA,第16卷,第294页。
6 《朝霞》164。KSA,第3卷,第147页。
7 遗稿。GA,第15卷,第262—263页。

从人性来看，每种道德的特异性表明，没有一种道德判断可以追溯到人的类存在，而只能追溯到某一民族、某一种族、某一等级等等的存在。[1]

从社会历史来看，"全部历史都是对所谓'世界伦理秩序'命题的经验上的反驳"。[2]

最主要的论据来自自然，这就是"生成之无罪"的观念。自然和生命本身是非道德的，万物都属于永恒生成着的自然之"全"，无善恶可言。"万物都以永恒之泉水受洗，超于善恶之外；善恶不过是掠影，是阴翳，是流云。"[3]在生物机体中，较弱细胞化作较强细胞的功用，这无所谓善；较强细胞同化较弱细胞，这也无所谓恶。[4]如果机体的某一器官患病而不能自我恢复，为了保存整个机体，就应该割除患病的器官，这里无同情可言。[5]所谓"恶"的因素，与"善"的因素一样，对于保存族类是不可缺少的，只是各有各的功用。[6]总之，自然界并不遵循道德律。

那么，道德究竟是如何产生的？或者说，它是对什么现象的解释？尼采说，道德是"内心冲动的一种符号语言"，而

---

[1] 参看GA，第13卷，第141页。
[2] 《看哪这人》:《为何我是命运》3。KSA，第6卷，第367页。
[3] 《查拉图斯特拉如是说》:《日出之前》。KSA，第4卷，第209页。
[4] 参看《快乐的科学》118。
[5] 参看《看哪这人》:《朝霞》2。
[6] 参看《快乐的科学》4。

内心冲动又是整个有机体机能的一种符号语言。[1]又说，他惯于"在一切道德判断中看到一种拙劣的符号语言，躯体的某个心理事件欲借它而传达自己"。[2]

这就是说，有机体的生物状态在心理中产生某种冲动，道德是对这冲动的解释，并且是错误的解释。

透彻地说，这是把道德现象归结为生物现象。或者说，只有生物现象，没有道德现象，人们把生物现象曲解为道德现象了。尼采似乎就是这么说的。他用讽刺的口吻谈到，上流社会中的所谓道德行为，如小心谨慎地避免着可笑的事、露头角的事和争端，隐匿着自己的才能和欲求，与环境同化，从俗，自卑，这一切与动物中的保护色作用、肖形作用、装死等现象是一回事，无非是避开仇敌和保存自己的手段，所以，仍是一种动物性现象。[3]他也正面地谈到，道德就是对人的各种冲动的一种估价和位置排列，这种估价和排列是一个社团和人群的需要的表现。[4]最后尼采又把道德评价的根源归结为强力意志，强调一个民族必定把使之能统治、征服、荣耀的东西评价为善，反之评价为恶。[5]

道德的终极根源是生物需要和求强力的意志，由于需要不同，意志强弱殊异，便发生不同的行为和对行为的不同评

---

1 参看GA，第13卷，第153页。
2 遗稿。GA，第13卷，第163—164页。
3 参看《朝霞》26。KSA，第3卷，第36页。
4 参看《快乐的科学》116。
5 参看《查拉图斯特拉如是说》：《一千零一个目标》。

价。尼采要求如实地看待这些现象，不要冠以道德的虚名。他想说明这样一个意思：你的一切行为都是出于你的需要，而不是出于某种道德观念，道德不过是你对于你的行为动机的一种不正确的解释。当然，也许你是真诚地信奉某种道德观念并且据之行事，但是，使你能够这么做得更深的动机仍然是你的需要。

说道德源于需要，这是一种追根溯源的说法。但是，道德在其发展和传播的过程中可能脱离其源头，而依靠别的力量维持。尼采指出，欧洲传统道德靠两大力量维持。一是习俗。"道德无非是（也仅仅是！）对习俗的服从，不论它是何种习俗；而习俗则是传统的行为方式和评价方式。"[1] 之所以服从习俗，是由于怯懦和懒惰，于是怯懦和懒惰竟成了习俗道德的大前提。[2] 当然，服从习俗也可以找到生物学上的解释，这就是前面谈到的动物的保护色等现象。但是，在尼采看来，这恰恰是弱小动物的特性，是应予否定的。欧洲道德的另一个支柱便是上帝的绝对命令。"每种宗教和道德引为基础的最一般公式是：'做这个这个，不做这个这个——你就将幸福！否则……'每种道德、每种宗教都是这样的命令……"[3] "基督教假定，人不知道也不可能知道，对他来说，何为善，何为恶：他信仰唯一知道这一切的上帝。基督教道德是一个命令，

---

[1]　《朝霞》9。KSA，第3卷，第21—22页。
[2]　参看《朝霞》101。
[3]　《偶像的黄昏》：《四种大谬误》2。KSA，第6卷，第89页。

它的起源是超验的；它是超越一切批评的。"可是，正因为基督教道德的所谓真理性是以对上帝的信仰为前提的，所以，"当一个人放弃了基督教信仰，他也就被剥夺了他的基督教道德的权利"。[1] 在一个没有上帝的世界上，任何绝对命令都失去了根据。当康德论证绝对命令时，他也不得不求助于上帝存在的假设。二者必居其一：或者保留一个上帝，或者放弃任何绝对命令，也就是放弃任何绝对有效的道德准则。

在一个没有上帝因而也没有绝对命令的世界上，善与恶只能是相对的。从纵向看，万物流动，评价随之变易，"谁能固守着'善'与'恶'呢？"[2] 从横向看，"道德的地球也是圆的！道德的地球也有其住在对跖点的居民！对跖点的居民也有其生存的权利！"[3] 一民族以为善的，另一民族以为恶，彼此都以对方为荒谬，其实都有其生存的权利。[4] 对于弱者是毒药的，对于强者可能是补品，在不同的个人之间，善恶也是相对的。[5] 哪怕在同一个人，善与恶也相辅相成："人和树是一个道理。他越是想上升到高处和亮处，他的根就越是努力向地里扎，向下面，向暗处，向深处——向恶之

---

[1] 《偶像的黄昏》：《一个不合时宜者的漫游》5。KSA，第6卷，第114页。

[2] 《查拉图斯特拉如是说》：《旧榜和新榜》。KSA，第4卷，第252页。

[3] 《快乐的科学》289。KSA，第3卷，第530页。

[4] 参看《查拉图斯特拉如是说》：《一千零一个目标》。

[5] 参看《快乐的科学》19。

中。"[1] 善恶的相对性是尼采常谈的话题,他一再说,在崇高中有恶,创造的善离不开创造的恶,等等。

尼采甚至进而推论,道德是以非道德为基础的,它只是"实在之非道德性的一个特殊场合"。[2] 这可以从两方面来看。一方面是对个人道德行为的心理分析。尼采自称精通"善人心理学",他对假道学的心理状态的剖析确实是入木三分的,揭穿了他们隐藏在法官式傲慢的道德面孔背后的复仇心理和自我颂扬习性。至于一般慑于习俗而服从道德的人,在他看来也是出于非道德的动机。"人成为道德的——绝非因为人是道德的!服从道德可以是奴性的,或虚荣的,或利己的,或盲目的:服从本身无道德可言。"[3] "我们的道德建立在谎言和伪装的基础之上,犹如建立在我们的恶和自私自利的基础之上一样。"[4] 尼采在这里所谈的,就是前面提到的他对道德的否认的第一层意思,即行为的道德动机并不真实,所谓道德动机是一种自我欺骗。

另一方面,从历史上来看,道德的手段往往是不道德的。道德理想的胜利和任何其他胜利一样,都必须依靠强暴、说谎、诽谤等不道德的手段。"人类迄今借以实现道德化的全部手段,在根本上都来自非道德。"[5] "道德本身只是靠了非道德

1　《查拉图斯特拉如是说》:《依山之树》。KSA,第4卷,第51页。
2　遗稿。GA,第15卷,第486页。
3　《朝霞》97。KSA,第3卷,第89页。
4　遗稿。GA,第11卷,第263页。
5　《偶像的黄昏》:《人类的"改善者"》5。KSA,第6卷,第102页。

才维持了如此长久的信用。"[1]例如，一切所谓的"人类导师"，从柏拉图、孔子到基督教领袖，都通过说谎来推行他们的道德理想。

在全面否定了道德的大前提和基础之后，尼采对道德本身也来了一个全面否定："在道德的整个发展中毫无真理：全部概念和原理……都是杜撰，全部心理……都是歪曲，偷运到这个谎言王国的全部逻辑形式都是诡辩。"[2]

这可真是登峰造极！在宇宙秩序中诚然找不到道德的根据，尼采对于道德的大前提和基础的分析也诚然不无可取之处，至少对于把道德本体化、偶像化的倾向是十分有力的抨击。可是，作为一种社会意识形态，道德自有它的现实的社会根源和必不可少的社会功能。尼采自己比任何人都重视评价的意义，现在他又全盘否定作为最重要的价值形态之一的道德，岂非自相矛盾？

是的，他确实陷入了自相矛盾。

他一则说："在道德之外生活是不可能的。"[3]一则又说："人只有凭借一种绝对的非道德的思想方式才能生活。"[4]一则说：道德是"使人能够忍受自己的唯一解释方案"。[5]一则又

---

[1] 遗稿。GA，第12卷，第85页。
[2] 遗稿。GA，第15卷，第455页。
[3] 遗稿。GA，第11卷，第200页。
[4] 遗稿。GA，第13卷，第102页。
[5] 遗稿。GA，第15卷，第343页。

说:"世界不能忍受道德的解释。"[1]

尼采知道,道德是人的生活不可缺少的坐标系,人不能不对自己的行为做出道德评价和道德批准,这样人才能对自己怀有一种信心,这种信心是人作为人而不是像动物那样生活所必需的。从这个角度来看,人是不可能超于善恶之外的。可是,一千多年来占统治地位的基督教道德把坐标系颠倒了,反而败坏了人的生活,使人对自己丧失了信心或怀有一种虚假的信心。于是他来个矫枉过正,干脆先打烂这个坐标系。他用"生成之无罪"剥夺道德的根据,主张超于善恶之外,目的是"绞杀名为罪恶的刽子手",使人摆脱罪恶感,"赤条条站在太阳面前"。[2]也就是要把人从"几千年的批判"中解放出来,获得"走向自己的目标"的自由。"倘若一个人感到有几千年的判决反对着自己,包围着自己,他生活得多么沉重啊!"[3]"岂非为了使自己感到全无牵挂——我超脱于一切赞扬和责难,独立于一切往日和今日,任自己的性情走向自己的目标?"[4]"只有生成之无罪才给我们以最大的勇气和最大的自由。"[5]

首先站在自然、生命、生成变化的立场上看人间的善恶,

---

1 遗稿。GA,第16卷,第262页。
2 《查拉图斯特拉如是说》:《巨大的渴望》。KSA,第4卷,第278页。
3 《快乐的科学》296。KSA,第3卷,第537页。
4 遗稿。GA,第14卷,第309页。
5 遗稿。GA,第16卷,第222页。

看穿善恶之无谓，超于善恶之外，然后，又从自然、生命、生成变化的立场出发给人间制定一种新的善恶之评价，这就是尼采摆脱自相矛盾困境的办法。在否定了迄今为止的一切道德之后，他要来建立一种新的道德了。所以他说："我们必须摆脱道德，以便能够道德地生活。"[1]"我必须扬弃道德，以便贯彻我的道德意志。"[2]"对道德的批判是道德的一个高级阶段。"[3]"在我们毁坏了道德之后，我们愿是道德性的继承人。"[4]

在上帝之死引起传统价值全面崩溃的时代，尼采的非道德主义实质上是这种价值危机的自觉的理论形式，而他的创立新道德之举则表现了他的寻求的勇气。他指出：如今在一切人都没有现成目标的时候，适用的是"一种探索的道德：为自己提供一个目标"。[5]这也是"创造者的道德"[6]。"你们被称作道德否定者，然而你们只是你们的自我的创造者。"[7]这种新道德的核心是自然和生命之肯定，当尼采对道德本身进行一般性的批判时，这一原则已经作为出发点而蕴含着了：要"敢于像自然那样，成为非道德的"[8]；必须"否定道德，以解

---

1 遗稿。GA，第13卷，第124页。
2 遗稿。GA，第13卷，第176页。
3 遗稿。GA，第11卷，第35页。
4 遗稿。GA，第12卷，第85页。
5 遗稿。GA，第15卷，第337页。
6 遗稿。GA，第12卷，第410页。
7 遗稿。GA，第12卷，第266页。
8 遗稿。GA，第15卷，第228页。

放生命"[1]。尼采用自然和生命取代道德，然后又把自然和生命树为新的道德原则，向基督教道德发动了猛烈攻击。

忠实于大地

上帝死了，一时间天崩地裂，万物失去了依托。可是不对，上帝的"天"是崩溃了，人类居住的"地"却依然存在，不仅依然存在，而且这时才显出它是唯一的实在，是人生唯一的依托。从上帝之死，尼采引出的最重要的结论就是："忠实于大地。"

"我向你们发誓，我的兄弟们，你们要忠实于大地，不要相信向你们宣说出世希望的人！他们是下毒者，不管他们是否故意的。

"他们是生命的蔑视者，是垂死者和自毒者，大地已经厌倦他们，但愿他们快快灭亡！

"对上帝的亵渎曾经是最大的亵渎，可是上帝死了，而这些亵渎者也就一同死了。现在，最可怕的亵渎是亵渎大地，对不可知之物的内脏大加尊崇，超过尊崇大地的意义！"[2]

尼采一再呼吁：不要在地球之外寻找一个捐躯和牺牲的理由，只为大地而牺牲。"不要再把头颅埋进天界事物的沙碛

---

[1] 遗稿。GA，第15卷，第392页。
[2] 《查拉图斯特拉如是说》序。KSA，第4卷，第15页。

中，而要自由地昂起这头颅，一颗人间的头颅，它为大地创造了意义！"[1]

尼采所要建立的新道德，就是以"忠实于大地"为宗旨，"它不是引我出世和升天的路标"，而是一种"地上的道德"。[2]过去有多少道德都飞离大地，飘失而迷途了，现在我们要引导飘失的道德"返回大地""返回肉体和生命"，"这样它就可以给大地以它的意义，一种人类的意义"。[3]

"忠实于大地"，用尼采另一个形象的表述来说，就是要"倾听健康肉体的声音"，这是更真实更纯洁的声音，"它说着大地的意义"。[4]

大地，生命，肉体——这就是现实的人生。人生的价值就在于这现实的人生，而不在于任何超验的世界。在尼采看来，道德的使命并非要把一种超验的目标强加于人生，给生命戴上绝对命令的枷锁，而是要顺应生命之自然，为人生探寻和创造一种现实的意义。"不要在道德上超过你们的能力！不要寻求违反你们的可能性的东西！"[5]尼采着重生命的自我超越，但超越以生命的肯定为前提。"忠实于大地"，就是要肯

---

1 《查拉图斯特拉如是说》：《来世论者》。KSA，第4卷，第36—37页。
2 《查拉图斯特拉如是说》：《快乐和激情》。KSA，第4卷，第42页。
3 《查拉图斯特拉如是说》：《赠予的道德》。KSA，第4卷，第100页。
4 《查拉图斯特拉如是说》：《来世论者》。KSA，第4卷，第38页。
5 《查拉图斯特拉如是说》：《高贵的人》。KSA，第4卷，第363页。

定生命，肯定人的尘世生活。

基督教道德的要害恰恰在于否定生命，否定人生。尼采无数次地指出，基督教是违背自然的，"上帝这个概念是作为与生命相对立的概念发明的"[1]，上帝是"生命的最大敌人"[2]，是"迄今为止对生存的最大异议"[3]，"'上帝的疆域'在哪里开始，生命就在哪里结束……"[4]

早在文艺复兴时代，资产阶级人文主义者就已经开始批判教会对于人的尘世欲望的压制了。尼采的特点在于，第一，他直截了当地把基督教归结为一种道德观念："基督教的教义仅仅是伦理，只想成为伦理"，即成为支配人类行为的绝对标准。[5] 而且，很少有人如此醒目地揭穿这种伦理的反对生命、向生命复仇的实质。第二，尼采并不满足于指出基督教伦理压制人的生命本能的事实，还相当透彻地分析了基督教伦理得以长期统治欧洲的心理机制，即在于使人产生一种罪恶感，由这种罪恶感而形成一种懦弱顺从的奴隶性格。

要造成一种普遍的罪恶感，还有什么比把生命本能、自然冲动宣布为罪恶更好的办法呢？其实，无论西方还是东方，传统道德采取的都是这个办法。而只要把生命本能视为罪恶，伦理就必然带有宗教性质。尼采的批判实际上也不限于基督

---

1 《看哪这人》：《为何我是命运》8。KSA，第6卷，第373页。
2 《看哪这人》：《我为何如此聪明》3。KSA，第6卷，第286页。
3 《偶像的黄昏》：《四种大谬误》8。KSA，第6卷，第97页。
4 《偶像的黄昏》：《作为反自然的道德》4。KSA，第6卷，第85页。
5 《自我批判的尝试》。KSA，第1卷，第18页。

教，而扩大到了佛教、印度教，指出历来一切伦理都具有这种反自然的性质。在生命本能中，性本能又被视为最不洁、最见不得人的罪恶。当这样一种人人必有的经常的情欲被宣布为耻辱，把它变成内心痛苦的根源，也就使人人内心的痛苦必有化经常化了。[1] 尤其是在女子教育中，传统道德更是竭力使她们对性欲无知并且视为最可怕的耻辱，而结婚却闪电式地把她们投入性生活之中，两相冲突，在她们心理上造成病态的症结。这是一般女子比男子更懦弱顺从的重要原因。[2]

尼采认为，作为生命先决条件的性欲之满足，自己快乐同时又使人快乐，实属自然界中不可多见的好意安排。[3] 这只是一个典型事例，说明传统道德对于凡能使人享受到生命欢乐的行为都加以贬斥。生命原是一股快乐的源泉，却被道德的侮蔑弄脏了。结果，自有人类以来，人类的自我享乐实在太少，这是"祖传的罪过"。[4] 基督教把生命的欢乐变成了犯罪的恐惧。自然冲动本不可遏止，可是人们不能轻松愉快地加以满足，却是心怀疑惧和顾忌，害怕幻想中的"罪恶"，陷入不可自拔的内心冲突之中。压制本能，导致肉体的衰弱；顺应本能，又产生精神的自责。事实上，压制仍难免内心的痛苦，因为禁欲并不能使欲望消失，罪恶感依然存在；顺应仍损害着肉体的机能，因为带着罪恶感顺应，不可能有真正的

---

[1] 参看《朝霞》76。
[2] 参看《快乐的科学》71。
[3] 参看《朝霞》76。
[4] 参看《查拉图斯特拉如是说》：《同情者》。

满足。反正是身心俱伤，人生乐趣扫地以尽。所以尼采说，伦理"把人的灵魂和肉体都弄得衰弱了"。[1]"这是多么骇人听闻的事情：反自然本身作为道德获得了最高荣誉，成为法则、绝对命令，高悬在人类之上！……不是个人，不是民族，而是整个人类，都错用了这把尺子！"[2]造成普遍的对生命本身的恐惧，这正是基督教伦理发生巨大作用的心理机制。

尼采并不主张人欲横流，他常常无情地批评纵欲。他还嘲笑以性爱为唯一乐事是受压制的情欲所找到的一种滑稽剧的出路。[3]问题在于："怎样使欲望精神化、美化、神圣化？"也就是使之升华。但基督教道德从来不问这个问题，"它的策略、它的'治疗'是阉割……它在任何时代都把纪律的重点放在剿灭"。而"从根底上摧残情欲，就意味着从根底上摧残生命"。总之，它的唯一能事就是与生命为敌。[4]

基督教所谓"改善"人类的方法犹如驯兽，竭力使他病弱而不能为害。"他躺在那里，有病，虚弱，对自己怀着恶意；充满对生命冲动的仇恨，充满对一切仍然强壮幸福的东西的猜忌。"看起来活像"一幅人类的讽刺画，一个怪胎"。[5]经过道德的驯养，欧洲人已经变成"有病的、衰弱的、残废的动

---

1 《朝霞》163。KSA，第3卷，第146页。
2 《看哪这人》：《为何我是命运》7。KSA，第6卷，第372页。
3 参看《朝霞》76。
4 《偶像的黄昏》：《作为反自然的道德》1。KSA，第6卷，第83页。
5 《偶像的黄昏》：《人类的"改善者"》2。KSA，第6卷，第99页。

物",变成畸形者、半人、弱人、劣人……[1]

基督教反对生命的另一个重要表现是贬斥艺术和美。尼采认为,艺术和美是人生最重要的价值,它们使人依恋和热爱生命。由欲望升华为激情,由激情升华为艺术,生命的欢乐源远流长。基督教却对欲望、激情、艺术一概否定,对生命欢乐的源和流均加堵塞。在这样一种仇恨一切蓬勃生命现象的伦理背后,尼采发现了一种求死亡的意志,一种颓废的原则。说到底,基督教伦理无非是要让人感到生命本身是有罪的,不洁的,没有价值的。[2]它是警探,在一切有生命的地方寻找罪恶。它是法官,妄图审判生命本身。它是刽子手,专司扼杀生命之职。基督教尤其是精神虐待狂,它要使人永远受着罪恶感的良心折磨,而把没有良心痛苦的情形宣判为堕落。[3]

尽管基督教伦理对生命做出否定的评价,但是这种评价仍然是某一类生命所做的评价,问题是哪一类生命。尼采指出,这是衰退、虚弱、疲惫的生命,对它来说,生命是受苦,于是它为自己的受苦而向一切生命复仇。在这个意义上,尼采强调伦理的症候学价值。从某一种伦理,可以推知奉行此种伦理的人的生命本能是否健全,有无旺盛的生命力。由此尼采"制定一个原则":"道德中的每一种自然主义,也就是

---

1 参看《快乐的科学》352。
2 参看《自我批判的尝试》5。
3 参看《朝霞》77。

每一种健康的道德,都是受生命本能支配的……反自然的道德,也就是迄今几乎每一种被倡导、推崇、鼓吹的道德,相反都反对生命本能,它们是对这种本能的隐秘的或公开而肆无忌惮的谴责。""当我们谈论价值,我们是在生命的鼓舞之下、在生命的光学之下谈论的:生命本身迫使我们建立价值;当我们建立价值,生命本身通过我们进行评价。"[1]尼采通过心理学的分析来揭露一种伦理之肯定生命或否定生命的根源。一个病人往往对四周健康人的欢乐怀有嫉恨之心,同样道理,一个内在生命力衰弱的人,也会对洋溢的生命热情产生反感。所以,主张一种否定生命的伦理,恰恰证明主张者本身的生命已处于被否定的状态。必须看到,尼采所说的生命本能是指广义的生命力,而并非指严格生物学意义上的体质强弱。一个强壮如牛的人也可能缺乏内在的生命活力,一个体弱多病的人也可能有百折不挠的生命力。例如尼采把一个人对信仰的依赖程度看作他衰弱程度的体现,这里的"衰弱"就完全是指内在活力的衰弱了。[2]

肯定生命是酒神精神的核心,否定生命是基督教精神的核心。所以,"酒神和耶稣基督正相反对"。[3]酒神精神是尼采反对基督教道德的主要武器。首先确立生命为最高价值,反对最高价值的自我贬值,彻底卸除以生命为罪恶的沉重良心

---

[1] 《偶像的黄昏》:《作为反自然的道德》4、5。KSA,第6卷,第85、86页。

[2] 参看《快乐的科学》347。

[3] 《看哪这人》:《为何我是命运》9。KSA,第6卷,第374页。

负担。由这个起点向前推进，尼采又用强力意志来充实酒神精神，强调生命的自我超越，把健全的本能和卓绝的精神结合起来，主张力和创造，反对怯懦和因循，提出了关于主人道德与奴隶道德相对立的学说。

主人道德和奴隶道德

两种道德的区分，几乎是尼采全部学说的一个凝聚点。在"主人道德"这个范畴中，包括了尼采所提倡的一切：健全的生命本能，充沛的强力意志，独特的"自我"，真诚的人生态度，蓬勃的创造精神，以及对人类未来的伟大的爱。相反，"奴隶道德"则囊括了他所反对的一切：病弱，怯懦，丧失个性，伪善，守旧，怨恨……"主人道德"，又叫"创造者的道德""贻赠的道德"。"奴隶道德"，也称"侏儒的道德""渺小的道德"。尼采通过两种道德的对比，进一步阐明了他的道德理想。

所谓"主人"和"奴隶"，不应狭窄地理解为两种等级身份。诚然，在追溯奴隶道德的起源时，尼采把它看作古犹太人在沦为奴隶民族后所形成的一种价值观念，基督教接受和强化了这种价值观念，并通过若干世纪的传教活动把它传播到了全世界。就欧洲现状而言，尼采则认为奴隶道德几乎遍及社会一切阶层，尤为市民阶层所信奉，主人道德却只能在少数优秀者身上发现，而且往往遭到压制和排斥。尼采的要求是，扫除奴隶性格，做大地的主人。

尼采一贯把生命本能的健全与个性的独特优异融为一体，在他看来，一个生命力充沛坚强的人，必定不可遏止地要独立探求人生、体验人生，形成丰富独特的个性。我们应当从本能与个性的统一上去看"主人"与"奴隶"的分野。"主人"的基本特征是坚强而独立，相反，懦弱而从俗则是"奴隶"的性格面貌。

在对"自我"的态度上，"主人"是价值的自我立法者，他有自己决定价值的能力。他高于荣辱之上，他的意志能支配自己从而也支配万物。他不愿把自己的责任委之别人，也不愿别人分担。他为了他所珍视的事物，敢于和全世界对抗。[1] 他的道德犹如柱石："它愈是高耸，就愈是美丽而雅致，但内部也愈是坚硬而能够承重。"[2] "奴隶"则怯懦，懒惰，没有个性，逃避责任，循规蹈矩地遵从习俗，随舆论而沉浮，不把自己看作独立的个人。[3] 尼采懂得，习俗和舆论的力量是巨大的。"天天听别人怎么说我们，甚至猜别人怎么想我们，——这会毁掉最坚强的人。"[4] 所以他要求我们无论怎样被议论、称赞、诽谤、希望、期待，都置之不理，想也不去想一下。

在对他人的关系上，尼采把奴隶道德归结为同情。以同

---

1 参看《朝霞》546。
2 《查拉图斯特拉如是说》：《高超的人》。KSA，第4卷，第152页。
3 参看《快乐的科学》9。
4 《朝霞》522。KSA，第3卷，第301页。

情为道德的心理基础和基本原则，在伦理学史上是一重要传统，尤为英国经验主义者和功利主义者所主张。叔本华也持这一见解。基督教的"爱邻人"原则实际上是同情说的宗教形式。现在，尼采从心理和效果两方面对同情进行分析。尼采认为，从心理上看，同情首先是一种弱者的心理。一个坚强的人，自己受过痛苦，并且能够忍受痛苦。他在人前隐匿自己的眼泪，怀着对自己的不满悄悄擦干。这样的人知道痛苦的价值，往往希望别人也不要看轻痛苦，出于对别人的尊重而不轻易流露同情。相反，弱者缺乏承受痛苦的能力，神经脆弱，对恐怖有着活跃的想象力，因而最容易发生同情。[1]

其次，同情与尊重是两种相反的感情，在同情中蕴含着对他人的不尊重。譬如说，我们对某人非常尊敬、羡慕，甚至崇拜，后来突然发现他有痛苦，并且需要我们的同情，这时我们就会欣然同情他，同时也削弱了我们对他的尊敬。同情一个人，意味着把他看成一个弱者，谁会去尊敬一个弱者呢？在同情的背后，还往往隐藏着一种不真诚。所谓同情，就是对别人的痛苦也感觉痛苦。可是在尼采看来，人们的痛苦是很难相通的，无论你怎样去体会别人的痛苦，只要不是身临其境，还是体会不了。最好的办法是尊重他连同他的痛苦，不要用你的同情使他的痛苦平凡化。那些爱表同情的人，内心深处是在寻求一种作为施恩者的满足。最明显的证据是，倘若他们的同情遭到拒绝，他们就会感到失望，甚至觉得受

---

[1] 参看《朝霞》133。

了侮辱，由同情一变而为愤怒。[1] 更有些人所谓的同情，不过是拿别人的痛苦当消遣。尼采讽刺地写道："他在不幸中，于是'同情者'来到，向他描绘他的不幸——末了他们满足而又兴奋地离去了：他们享受了不幸者的惊骇一如享受了自己的惊骇，度过了一个美好的下午。"[2] 我们不要说尼采太刻薄，把别人的痛苦当作茶余饭后的谈资，热心地议论着，啧啧地叹息着，这样的人还少吗？其中有谁对别人的痛苦真正感觉到了切肤之痛呢？一般小市民热衷于"同情"他人痛苦，与他们热衷于嫉妒他人幸福，实在是同一件事情的两个方面。尼采在"同情的基督徒"标题下写道："对邻人痛苦的基督徒式同情之另一面，就是对邻人一切快乐、一切快乐的愿望和能力的深深疑忌。"[3] 小市民们喊叫起来了：这个尼采，真缺德……

我们听见尼采辩护道："我之所以谴责同情者，是因为他们很容易失去羞耻、敬畏和对距离的敏感，因为同情转瞬间就散发出庸众的气息，形同无礼的举止。"[4] "他们陶醉于自己的同情，他们太缺乏羞耻。"[5] 在尼采看来，人与人之间是应当保持一定距离的，这是每个人的"自我"的必要的生存空间。一个缺乏"自我"的人，往往不懂得尊重别人的"自我"需

---

[1] 参看《朝霞》138。
[2] 《朝霞》224。KSA，第3卷，第196页。
[3] 《朝霞》80。KSA，第3卷，第78页。
[4] 《看哪这人》:《我为何如此智慧》4。KSA，第6卷，第270页。
[5] 《查拉图斯特拉如是说》:《同情者》。KSA，第4卷，第113页。

要生存空间。你刚好要独自体验和思索一下你的痛苦,你的门敲响了,那班同情者络绎不断地到来,把你连同你的痛苦淹没在同情的吵闹声之中。

尼采并非反对向痛苦者伸出帮助之手。问题是,第一,最大的帮助是唤起痛苦者的自尊自强之心;第二,帮助必须真诚,而真诚的标准仍是不伤害痛苦者的自尊自强之心。你不要让人感到你是一个施恩者,而你也确实不以施恩者自居。"我喜欢像朋友对朋友那样赠送。不过,陌生人和穷人可以自己从我的树上摘取果实,这样会较少羞愧。然而对乞丐应当完全拒绝!"因为他们完全没有了自尊。[1]

尼采的着眼点是自尊。他要人耻于接受。他甚至要人与其接受,不如偷窃;与其偷窃,不如抢劫。他当然不是真的鼓励人去偷窃和抢劫,这个厌恶平和折中的人常常用极端的方式表达自己的思想。一个人自己要有自尊之心,也要注意不伤害别人的自尊之心。从效果来看,同情伤害了痛苦者的自尊。如果他是强者,你把他当弱者来同情,是一种伤害。如果他是弱者,你的同情只会使他愈发自觉乏弱无力,不求自强,也是一种伤害。

与同情平行,基督教还提倡宽恕。尼采认为,这也是对自尊的伤害。如果你的朋友对你无礼,你应当说:"我原谅你对我所做的,可是怎么能原谅你对你自己所做的!"[2] 真正不可

---

[1] 《查拉图斯特拉如是说》:《同情者》。KSA,第4卷,第114页。
[2] 《查拉图斯特拉如是说》:《同情者》。KSA,第4卷,第115页。

宽恕的是缺乏自尊。

　　同情不知道尊敬伟大的不幸、伟大的丑陋、伟大的失败。[1]"同情的手甚至会毁灭性地插入一种伟大的命运,一种创伤背后的孤独,一种对于伟大罪恶的特权。"[2]同情会减弱被同情者的力量,束缚他的头脑和有力的臂膀。[3]当同情成为普遍道德规范之时,就会造成人类的衰弱。尼采还认为,为了人类的利益,个人的牺牲与痛苦原是不可避免的。事事都顾忌到是否会给人以痛苦,这是一种"狭隘的小市民道德"。他问道:"我们可以像对待我们自己一样对待我们最亲近的人吗?如果我们对自己不那么狭隘和小市民气,顾忌直接的后果和痛苦,为什么对他们非得这样呢?假如我们有牺牲自己的精神,什么能禁止我们使最亲近的人一同做出牺牲呢?"[4]在尼采看来,同情与创造是不能相容的,他把同情视为创造者的最大危险。[5]创造者的爱是伟大的爱,爱人类的未来,爱子孙后代,爱最遥远的人,这样的爱超越于同情之上,战胜了近视的同情心。[6]

　　由此我们接触到了奴隶道德与主人道德的又一重要区别,这就是在对未来的关系上,"奴隶"乐天安命,满足现状,"主

1　参看《查拉图斯特拉如是说》:《最丑陋的人》。
2　《看哪这人》:《我为何如此智慧》4。KSA,第6卷,第270页。
3　参看《朝霞》134。
4　《朝霞》146。KSA,第3卷,第137页。
5　参看《快乐的科学》271。
6　参看《查拉图斯特拉如是说》:《同情者》;《最丑陋的人》。

人"却积极进取,勇于创造。奴隶道德是"灵魂的鸦片",其作用在于使人心安理得,安然入睡。除了无梦的安眠,"奴隶"不知生命还有更高的意义。[1]他们安心地坐在泥塘里,嘲笑一切热情的行动。他们如群居的绵羊,柔顺而驯服。他们谦卑地怀抱着渺小的幸福,像苍蝇一样在向阳的玻璃窗上嗡嗡。[2]他们是精神世界的老农,垦掘着旧思想,看不见新理想。[3]尼采把基督徒与希腊人作一对比:希腊人对人嫉妒,对己自嘲,永是不满足;基督徒却对人友善,对己自满,永是满足。[4]尼采还特别引中国为欧洲的前鉴,说"中国是几百年来巨大不满足和变化能力已经死灭了的国家之例子"。[5]相反,主人道德鼓励人进取和创造。"我从心底里厌恶那种道德,它说:'不要做这个!放弃吧!自我克制吧!'——相反,我赞赏那种道德,它催促我做些事情,再做些事情,从早到晚做,夜里做梦也在做,除了把事情做好,好到唯我能够的程度,别的什么也不想!"[6]

奴隶道德拘于小善小恶,渺小得令人发笑。然而,冷笑之下,又不免生出凄凉之感。这种渺小的道德一旦占据优势,渺小也能扼杀了伟大。"在习俗伦理的统治下,任何种类的原

---

[1] 参看《查拉图斯特拉如是说》:《道德讲坛》。
[2] 参看《查拉图斯特拉如是说》:《侏儒的道德》。
[3] 参看《快乐的科学》4、335。
[4] 参看《朝霞》69。
[5] 《快乐的科学》24。KSA,第3卷,第399页。
[6] 《快乐的科学》304。KSA,第3卷,第542页。

创性都造成了良心不安。"[1] 创造被视为恶，特立独行者被视为危险人物，太多的积极力量牺牲掉了，最优秀者被烧烤了去祭古代的偶像。那些创造的灵魂，不拘于当时的习俗和道德，以自己的热情引燃被催眠的热情，以疯狂为新思想开导先路。可是他们往往被斥为罪人恶人，直到世人渐渐发现受益于他们的创造了，对他们的称谓才又渐渐和缓。"历史所记述的几乎全是这班后来被改称为好人的坏人！"[2] 所以尼采说，所谓的善人是人类的最大危险，他们是法利赛人，他们钉死了创造者，钉死了人类的未来。[3] 人是一个试验，禁止试验就是使人丧失种种可能性，重新沦为定型的动物。尼采呼吁，人生上社会上的试验多多益善，应该鼓励，不要再牺牲勇于试验的创造力量了。[4]

在对人生的态度上，奴隶道德的最大特点是虚伪。怯懦者必然虚伪，因为他没有面对真实的勇气。尼采指出："善人的生存条件是谎言，换言之，即无论如何不愿正视现实，而现实原非时时都鼓舞善意的发生的，更不会时时被近视的好心肠的手所把握。"[5] 一个人出于怯懦而从俗，采取一种把他人的意见当作自己的意见的虚伪态度，最后就习惯于虚伪，虚

---

1 《朝霞》9。KSA，第3卷，第24页。
2 《朝霞》20。KSA，第3卷，第33页。
3 参看《查拉图斯特拉如是说》：《旧榜和新榜》26。
4 参看《朝霞》164。
5 《看哪这人》：《为何我是命运》4。KSA，第6卷，第368页。

伪演变成了他的本性。[1] 尤其是以否定生命为宗旨的基督教伦理，它所要求的是超出能力的事情，本身即是虚伪。"在超出能力意欲的人身上有一种恶劣的虚伪"[2]，这种人是"不自觉和不由自主的戏子"[3]。

善人的虚伪之状不可胜数。他们露出慈悲的面容，做出施予的模样。他们的一切德行都指望丰厚的报酬。他们倘若大权在握，还要假冒服役者。如此等等。

尼采愤慨地说："你们总是给我的仁慈送来最孱弱的乞丐；你们总是用不可救药的无耻强求我的同情。你们如此伤了我的道德的信心。而如果我仍献出我的最神圣之物做牺牲，你们的'虔诚'立刻搭上自己油腻的祭品：于是，在你们油腻的蒸汽里，我的最神圣之物窒息了。"[4]

真诚是难的。"无论在苏格拉底的还是基督教的道德中，未曾有过真诚，这是尚未成熟的最年轻的德行。"[5] "在我看来，今天没有比真诚更宝贵、更稀少的了。"[6] 可是，没有真诚，还有什么道德可言呢？不真诚的道德是一种自相矛盾。一个人要做到真诚，必须对人生有真实的体验，以自己的全部热情

1　参看《朝霞》104。
2　《查拉图斯特拉如是说》：《高贵的人》。KSA，第6卷，第360页。
3　《查拉图斯特拉如是说》：《旧榜和新榜》。KSA，第4卷，第253页。
4　《查拉图斯特拉如是说》：《坟墓之歌》。KSA，第4卷，第144页。
5　《朝霞》456。KSA，第3卷，第275页。
6　《查拉图斯特拉如是说》：《高贵的人》。KSA，第4卷，第360页。

感受过人生的悲欢离合。"你们在自己心中体验过历史，体验过战栗、地震、长远的悲痛和闪电般的极乐吗？你们曾经同大小傻子们一起犯傻吗？你们确实承受过好人们的梦想和痛苦吗？还有最坏的人的痛苦和幸福吗？如果是，请跟我谈道德吧，否则就不用了！"[1]道德并非从外面加于人生的戒条，而是人生智慧的结晶。

怎样才算真诚？仅举二例。其一："在我们的私下交谈中，如果我们不像在公开场合一样爱惜别人的名誉，我们便不是正直的人。"[2]其二："假如我必须同情，我不愿让人知道；假如我是在同情，我愿站在远处。我愿蒙面逃离，在被人认出以前！"[3]

尼采如此看重真诚，乃至反对任何违心行为。有一些人，明明有正确的见解，却在行动上妥协，迁就占上风的错误意见。例如，无神论者也送孩子受洗礼，反对民族仇恨者也赴战场为祖国效劳。他们自以为保持了精神上的自由，至于行动上从众则并不重要。尼采指出：没有比这更重要的了，你以一个有正确见解者的身份，用你的行动把非理的事情合理化了。其影响之坏，远远超过一般群众的随俗沉浮。[4]

在刻画了"奴隶"（说"善人"也一样，"善人"不过是"奴隶"的领头羊）的怯懦、谦卑、驯良、虚伪性格的同时，

---

1 《朝霞》545。KSA，第3卷，第316页。
2 《朝霞》569。KSA，第3卷，第330页。
3 《查拉图斯特拉如是说》：《同情者》。KSA，第4卷，第113页。
4 参看《朝霞》149。

尼采不忘他擅长的心理学，对道德家的心理做了剖析。尼采常常谈到"善人心理学""教士心理学"。《道德的谱系》一书包括的三篇论文，第一篇讨论"基督教心理学"，指出基督教生于怨恨心理；第二篇讨论"良心心理学"，认为良心乃残忍的本能之向内发展；第三篇指出出世理想生于生命意志之衰弱，因空无愿望而愿望空无。论及道德家，尼采指出他们都有一副"大仇恨者的面孔"[1]，自傲于道德，欲使一般人看到他们的道德便生起对自己的侮辱。[2] 他们用道德抬高自己，只是为了卑辱别人。当他们说"我是正义"时，那声音好像是："我受了报复！"他们的所谓正义就是要使世界布满他们复仇的暴风雨。[3] 真的，一切时代的道德家们都是满口仁义，心中却最缺乏爱，有的只是怨恨。无论何处，只要有一个完美无缺的正人君子出现，那里的人们就要遭罪了。难怪尼采说："当我因一个人受苦时，我并非苦于他的罪恶和愚蠢，毋宁是苦于他的完美。"[4] 这班善人，也许你真的说不出他有什么明显的缺点，尽管除了他的道德以外，你也说不出他有什么像样的优点。一个真实的人，一种独特的个性，相反必有突出的优点和缺点，袒露在人们面前，并不加道德的虚饰，而这也就是他的道德。

通过对奴隶道德的批判，我们可以看到，尼采的道德理

1　《朝霞》411。KSA，第3卷，第255页。
2　参看《快乐的科学》150。
3　参看《查拉图斯特拉如是说》：《道德家》；《毒蜘蛛》。
4　诗稿。GA，第8卷，第385页。

想是要造就一种健全、坚强、独立、进取、真诚的人的类型。用他的话来说,他是为了达到"一种尽其可能的最高力度和人的类型的壮丽"。[1] 在他看来,能否造就这样的"主人"类型的人,这样的人能否处于支配地位,是决定着人类未来的命运的事情。

---

[1] 《道德的谱系》前言 6。KSA,第 5 卷,第 253 页。

第八章　人的现状和前景

> 星星的碎片
> ——我用这些碎片建造一个世界。
>
> ——尼采

也许不曾有过一个时代，像现代这样频繁地谈论着人类的命运。现代工业化文明的种种弊端，引起了有识之士的深切忧虑，也使一些高贵的灵魂陷于深沉的苦闷。在现代西方哲学和文学艺术作品中，我们可以听到一种焦虑的基调，其中有对现代文明的失望和抗议，也有探索中的迷惘。

尼采是现代思潮的早期代表，同时也是批判现代文明的先行者之一。对人的现状的不满，对人的前景的关心，是尼采思想形成的主要契机。他对伦理的批判，构成了他的现代文明批判的主干。在他看来，伦理是颓废的征象，而现代文明的最大弊病就是颓废。与此同时，他对现代文明的商业化、科学化、非个性化、非精神化的倾向也多有揭露。

在发源于古希腊文化的欧洲文明背景下，欧洲的思想革新者们往往表现出一种怀古情调，给自己的理想穿上古希腊人的服装。尼采也是如此。他从青年时代起就熟识古希腊文献，无限向往前苏格拉底时代的古希腊社会，在他心目中那是一个生趣盎然的审美国度，恰与现代商业世界形成鲜明对照。在这方面，我们可以看出德国启蒙思潮对他的深刻影响。用古希腊文明批判现代文明，文克尔曼、席勒、荷尔德林已开了先例，缅古本身表达了一种改革愿望。而尼采通过对现代文明的批判，进而形成了他自己的人的理想，这就是超人说。

现代流派在批判现代文明的道路上继续前进，不过，我们可以看到他们的出发点和归宿点与尼采有所不同。尼采从希腊出发，走向超人，他寄希望于一种新的人的类型的产生。在这一点上，以存在主义为代表的现代流派不那么理想主义，也不那么贵族气，他们更多地把超越的使命赋予每个人自己，让每个人自己通过对真实存在的体验来摆脱文明的祸害。

伟大的爱和伟大的蔑视

尼采常常被形容成一个人类的仇恨者，一个禽兽般的反人道主义者。尼采自己倒也无意扮演人道主义者的角色。他说："我们不是人道主义者；我们从来不许自己谈论我们的'对人类的爱'——我们这种人对此还不够是戏子！"[1]在尼

1　《快乐的科学》377。KSA，第3卷，第630页。

采的著作里，贬薄人类的嫉世愤俗之论难道还少吗？"如今使我们反感的是什么？……虫豸之'人'耀武扬威，蜂拥聚集。"[1] "令人怀疑的是，一位旅行家在世界任何地方是否发现过像人的面貌一样丑恶的地带。"[2] 他甚至说，他之所以不是仇恨人类者，是因为仇恨中有平等，有尊敬，有恐惧，而他只有蔑视，深深的蔑视是他的嗜好、特权、艺术和美德。[3]

在尼采提供了如许不利于自己的证词以后，哪个律师还愿意为他出庭辩护呢？这个被一切律师遗弃的被告，独自留在法庭上，向听众说起了一个故事——

> 查拉图斯特拉下山了，遇到的第一个人是一位隐居的老人。老人责怪他的下山，他答道："我爱人类。"老人告诉他，人们是如何疑心重重地看待真心爱他们的人的："在他们听来，我们穿过街巷的足音太孤单。就像他们夜里在床上听见有人走路，远未到日出时辰，便自问道：这小偷要去哪里？"[4]

真正爱人类、为人类谋利益的人，反而遭到人们的猜忌乃至放逐和迫害。相反，那些欺世盗名的假慈悲者，那些花

---

1 《道德的谱系》第 1 章 11。KSA，第 5 卷，第 277 页。
2 《人性的，太人性的》第 1 卷 320。KSA，第 2 卷，第 244 页。
3 参看《快乐的科学》379。
4 《查拉图斯特拉如是说》序。KSA，第 4 卷，第 13 页。

言巧语的戏子，却能蛊惑人心，赢得一时的信任和拥戴。人群的惰性使尼采寒心了，形成了他对人类的矛盾态度。

尼采把人群聚集的地方称作"市场"，那是一个舆论所支配的领域。那里充满大人物的叫嚣和小市民的呐喊。大人物，那些大戏子，不断变换着自己的道具和信仰，而小市民们就围着他们旋转。尼采离开"市场"，逃到自己的孤寂里，宁与树木和岩石为伍，因为树木和岩石知道诚敬地保持沉默，"离开市场和声誉才开始了一切的伟大"……[1]

历史上一切创造者的命运都坎坷而悲壮，多半是因为习惯势力支持了有权的迫害者。我们不能要求尼采能唤起民众的觉悟，他始终是一个贵族气极浓的资产阶级思想家。不过，他又是一个关心人类命运的有责任感的思想家。他曾经沉痛地说："我的心和我的渴望向着珍贵、悠久、遥远的事物，你们的琐屑、繁多、短促的苦恼与我何干！据我看你们受苦还不够！因为你们只因自己受苦，你们还没有因人类受苦……你们谁也没有受过我所受过的苦。"[2] 一个心高意远的人的痛苦，确非沉溺于琐屑烦恼者所可想象。尼采对人的蔑视，正是出于对人的命运的关心，所谓"哀其不幸，怒其不争"，在一定程度上也适用于他。

这是一种"伟大的蔑视，爱的蔑视，最蔑视之时其实最

---

1 《查拉图斯特拉如是说》：《市场的苍蝇》。KSA，第4卷，第66页。
2 《查拉图斯特拉如是说》：《高贵的人》。KSA，第4卷，第359页。

爱"。[1] 他一再说："伟大的蔑视者是伟大的敬慕者。"[2] "谁最蔑视人类，他岂非因此是人类的大恩人？"[3] "谁不是多年与人为敌，谁就不曾爱过人。"[4] "我爱人类，而当我克制住这种欲望时，就最是如此。"[5] 尼采心中怀着对人的称号的崇敬，对更伟岸高大的人的形象的渴望，因而对人的现状深感不满。他似乎在说：人呵，你们现在这样子也配称作人吗？

如果我们要举例说明尼采这种出于爱的蔑视，最恰当的例子莫过于他对瓦格纳的态度了。尼采年轻时和这位比他大30岁的音乐大师有过一段亲密的交往，当时，瓦格纳说尼采是人生赐给他的唯一恩惠，是懂得他的心愿的唯一的人，尼采对瓦格纳也一往情深。甚至在1879年两人正式绝交以后，他也没有停止对这位大师的爱。直到他神志清醒的最后岁月，他的著作和书信里始终充满着对瓦格纳以及他们之间友情的怀恋。在绝交的次年，他写道："没有什么东西能够补偿我去年失掉的瓦格纳的友情……我们之间从未说过粗话，连梦里也没有说过，倒是有许多快乐而昂奋的交谈，我也许从来不曾和别人这么多地一起欢笑过。现在这已经成为过去——至于在有些事情上有理由反对他，这一点于事何补！难道这能把

---

[1] 《查拉图斯特拉如是说》：《巨大的渴望》。KSA，第4卷，第278页。
[2] 《查拉图斯特拉如是说》：《高贵的人》。KSA，第4卷，第357页。
[3] 遗稿。GA，第12卷，第274页。
[4] 遗稿。GA，第14卷，第229页。
[5] 遗稿。GA，第12卷，第321页。

失去的友情从记忆里抹掉！"[1]后来他又一再说："瓦格纳是我所认识的最完全的人。"[2]"我不曾像爱他那样爱过任何人,他是打动我的心灵的人……"[3]"在我与瓦格纳绝交后,迄今我还没有遇到一个哪怕用千分之一的激情和苦痛来理解我的人。"[4]尼采觉得,他与瓦格纳的交往是他一生中唯一的一次幸遇,其余的交往不过是可有可无的零头罢了。可是,正是对他最爱的这个人,他攻击得最猛烈,他至死爱着瓦格纳,也至死不停地骂着瓦格纳。他生前发表的最后著作,四部有两部是专门攻击瓦格纳的：《瓦格纳事件》《尼采反对瓦格纳》。

尼采生平的这一情节常常使研究者们感到费解,有人甚至把它视为尼采疯病的先兆。人们尽可以用精神病学、精神分析学或随便什么别的理论去解释尼采的这种化装成恨的爱,但谁也无权忽视尼采批判瓦格纳时所谈的那些实质性内容。尼采的批判是有内容的！他对瓦格纳态度的变化,与他本人的思想变化相一致。他早年崇拜瓦格纳,是因为瓦格纳体现了叔本华的理想。后来他批判叔本华,也就不能容忍瓦格纳了。连带对瓦格纳音乐的评价也发生变化,晚年他喜欢比才。

---

[1] 致加斯特,1880年8月20日。转引自雅斯贝尔斯：《尼采导论》,第70—71页。

[2] 致奥维贝克,1883年3月22日。转引自雅斯贝尔斯：《尼采导论》,第68页。

[3] 遗稿。GA,第14卷,第379页。

[4] 致奥维贝克,1887年11月12日。转引自雅斯贝尔斯：《尼采导论》,第68页。

他把瓦格纳音乐的富丽堂皇的风格及其对官能的刺激看作颓废的征兆，因而他对瓦格纳的批判同他对基督教伦理的批判是一致的，都是对于时代的批判。尼采自己说："我决不攻击个人——我只把个人用作一枚有效的放大镜，借以显示一种普遍的，却因悄悄发展而不易觉察的困境……我这样攻击了瓦格纳，确切地说，攻击了虚伪，我们'文化'的劣根性，这种文化把精致与丰富、老朽与伟大混为一谈。"[1]尼采至死认为瓦格纳是他那时代无与伦比的天才，然而时代本身已病入膏肓，连它最伟大的天才也不能幸免。就个人而言，尼采正因为最爱瓦格纳，所以最不能原谅瓦格纳患上了他所痛恨的时代病。在题为《致瓦格纳》的诗中尼采写道："你不安的渴望自由的灵魂……可悲呵，连你也在十字架旁沉落，连你——也是一个被超越者！"[2]

其实，对于普通的个人，尼采倒是十分宽容的。他攻击基督教最烈，但他与最虔诚的基督徒也有着和睦的关系。他说："作为基督教最严厉的反对者，我本人不主张将千年厄运怪罪于个人。"[3]他反对的是作为一种人的类型的基督徒，反对的是时代的迷途和人类的颓废。

伟大的人类，可悲呵，连你也不像我希望的那样伟大……

---

[1] 《看哪这人》：《我为何如此智慧》7。KSA，第6卷，第274—275页。
[2] 诗稿。GA，第8卷，第362页。
[3] 《看哪这人》：《我为何如此智慧》7。KSA，第6卷，第275页。

"夜的时辰,现在爱者的一切歌才醒来。我的灵魂也是一个爱者的歌。"[1] 睡着的人是听不到这夜间的歌的,他们只听见白日的诅咒。那为人类命运日思夜想的失眠者的耳朵在哪里呢?

世上并不乏形形色色的人道主义者,有的是真诚的,有的是在演戏。对于尼采,重要的不是人道主义者这个称谓,而是他对"人道"有他自己的理解。他早年已经决心献身于他心目中的"人道":"面对我们时代的这种危险,谁将为了人道,为了由无数世代苦心积累的这神圣不可侵犯的庙堂珍宝,而奉献出他的卫士和骑士的忠诚呢?当所有人在自己身上只感觉到私欲的蠕动和卑劣的焦虑,就这样从人的形象堕落,堕落为禽兽,甚至僵化的机械之时,谁将负着人的形象上升呢?"[2] 那么,什么是尼采所理解的"人道"呢?

这是对人的尊重。"你认为什么最人道?——免除别人的羞愧。"[3]

这又是一种集人类的全部痛苦和欢乐于一身的大海一样广浩深沉的感情。具有这感情的人"懂得把人的全部历史当作自己的历史来感受"。他感觉到一切忧患:病人思健康,老人回想少年的梦,爱者被夺去所爱,殉道者的理想破灭,英雄在战斗未决胜负之夜负伤并失去战友……同时他又感觉到

---

1 《查拉图斯特拉如是说》:《夜歌》。KSA,第4卷,第138页。
2 《作为教育家的叔本华》4。KSA,第1卷,第368页。
3 《快乐的科学》274。KSA,第3卷,第519页。

一切希望,好像各个世纪的地平线都在他身前身后展现。"这一切都纳入了他的灵魂:人类最古老的事物,最新的事物,损失,希望,征服,凯旋——这一切终于都齐备于一颗灵魂,凝聚成一种感情:这必定会产生出一种幸福,人前所未知的幸福,一种充满力和爱、充满泪和笑的神圣的幸福,这幸福像夕阳一样不断地从自己不竭的财富中馈赠,倾倒入海洋,也像夕阳一样使最贫穷的渔夫也摇着金桨,这才感到自己最为富足!这神圣的感情方可称作——人道!"[1]

尼采所理解的"人道",不是那种浅薄的仁慈,不是那种空洞的博爱,而是一种内在的精神上的丰富。因为丰富,所以能体验一切人间悲欢。因为丰富,对情感的敏锐感应不会流于病态纤巧。它细腻而不柔弱,有力而不冷漠,这是一颗博大至深的心灵。

博大精深的心灵又有藏垢纳污的容量和化浊为清的能力。在人中间不愿死于焦渴的人,必须学会饮干一切酒杯;在人中间要保持清洁的人,必须懂得怎样在污水中洗濯自己。[2] 人是一条污浊的泉流,要涵纳这泉流而又不失其纯净,一个人必须成为大海。[3] 让时代把它的污秽投向我们吧,我们都纳之于我们的深处,并重归澄澈……[4]

在明了尼采对人的根本态度之后,我们可以接下去谈尼

1　《快乐的科学》337。KSA,第3卷,第565页。
2　参看《查拉图斯特拉如是说》:《聪明的人》。
3　参看《查拉图斯特拉如是说》序。
4　参看《快乐的科学》378。

采对人的现状的诊断和对人的前景的构想了。

现代文明的症结

尼采一生不倦地讴歌生命的强健和精神的高贵，而他之所以恼恨现代文明正是因为：第一，生命本能的衰退——颓废；第二，精神生活的贫乏——鄙俗。灵和肉都病了。

他说："一步步颓废下去——这是我对现代'进步'的定义。"[1] 颓废是一种"现代衰弱症"，遍及一切思想文化领域。伦理压制本能。科学理性削弱本能。教育的基本原则是麻痹本能，一部教育史是一部麻醉品的历史。艺术在古代是强者的节庆，在现代也成了弱者的麻醉。这位复活的古希腊勇士"讨厌现代文明，因为它的目标是使一切好东西、荣誉、宝藏、美女也让懦弱者得到"。[2]

关于颓废，前面已经谈得够多了。现在我们要着重谈尼采对于现代文明的非精神化倾向的揭露。

在一颗优美的心灵看来，整个现代商业化社会就像一个闹哄哄的大市场。人们匆忙地活动着，声嘶力竭地叫喊着——为了增殖财富和赚钱。尼采生不逢辰，一切优美的灵魂

1　《偶像的黄昏》：《一个不合时宜者的漫游》43。KSA，第6卷，第144页。
2　《朝霞》153。KSA，第3卷，第143页。

都生不逢辰，他们感到自己生活在一片文化沙漠上。在市场上怎么能开出文化的奇葩呢？

财富本身成了目的，为了财富，人们表现出一种盲目的发了疯似的勤劳。尼采说："一切时代中最勤劳的时代——我们的时代——除了产生越来越多的金钱和越来越多的勤劳以外，不知道拿它的许多勤劳和金钱做什么好了，以至于散去要比积聚更需要天才！"[1]盲目地追求财富，却损害了机体的美好，可是没有机体的美好，又如何来享受财富呢？更严重的后果是在精神上。无头脑的匆忙，使人永远处在疲劳之中，不复讲究优美的风度和高尚的礼仪，独处时不再有静谧的沉思，人与人之间也不再有温馨的交往。尼采无限缅怀的古希腊人那种高尚的教养和情趣已经一去不复返，他隔膜般望着这些忙碌奔走却又麻木不仁的现代人，只觉得他们野蛮。

这是"自我"失落的时代。人们沉沦于世俗之中，好像有意躲避人生的真正使命。人们急于把脑袋藏到一个地方，似乎这样一来他们的良知就找不到他们了。人们匆忙把他们的心献给外部事务，就是为了不再有一颗心。"匆忙极其普遍，因为人人都急于从他的'自我'面前逃逝……"[2]

使尼采感到痛心的是，这个时代的繁忙的经济活动和庞大的政治机器，占用了过多的人力，浪费了宝贵的人才。有用的人才应该献身于文化，经济和政治不过是制造财富和分

---

[1] 《快乐的科学》21。KSA，第3卷，第392页。
[2] 《作为教育家的叔本华》5。KSA，第1卷，第379页。

配财富的工场,那只是"小头小脑们的工作范围",倘要占用优秀人才,还不如让这些机器锈坏。[1]可是,在现代,经济和政治几乎压倒了一切。人的精力是有限的,民族的精力也是有限的。"一个人把自己花费在权力、大政治、经济、世界贸易、议会、军事利益上,向这些方面付出了理解、认真、意志、自我超越的能量(他就是这种能量),那么在其他方面就必有短缺。"俾斯麦政府热衷于政治扩张,在尼采看来这正是德国文化衰落的原因。"文化和国家——在这一点上不要欺骗自己——是敌对的:'文化国家'纯属现代观念。两者互相分离,靠牺牲对方而生长。一切伟大的文化时代都是政治颓败的时代:在文化的意义上伟大的事物都是非政治的,甚至是反政治的……"[2]

尼采把国家称作"新的偶像",认为国家使一切人都丧失了自己,只有消灭了国家,才开始有人。[3]

尼采所关心的始终是文化。文化是人的精神播种、开花、结果的园地,是人的心灵的展现,是人道实现的场所。可是,在现代商业社会里,文化也商业化了。古希腊文化的骨干是竞技,罗马文化的骨干是战争,它们是力与美的赞歌。现代文化的骨干却是商业。商业只问消费,不问人的真正需要。它甚至制造消费。科学家、学者、艺术家、政治家、民族、

---

1 参看《朝霞》179。KSA,第3卷,第157页。
2 《偶像的黄昏》:《德国人缺少什么》4。KSA,第6卷,第106页。
3 参看《查拉图斯特拉如是说》:《新的偶像》。

政党乃至整个时代都卷进了贸易之中,供求关系决定一切事物的价值,市场价格的支配成了整个文化的特性。[1]市场,到处都是市场,"现在,没有市场上声嘶力竭的叫卖,就不再有天才。——这对于思想家当然是一个坏时代"[2]。尼采要思想家们学会装聋直到真的变聋,以免毁于烦躁和头痛。

尼采发明了"文化市侩"这个词来称呼那些借文化谋私利的文人。[3]他又轻蔑地称他们为"文化寄生虫",痛斥他们损害文化以自肥的行径。[4]

导致人的非精神化和文化衰落的又一重要因素是现代大机器生产和强迫分工。尼采指出,欧洲大多数男子因生活负担而被迫从事固定的职业,结果使自己的命运完全受偶然性支配。[5]在"工厂奴隶制度"下,人们成为机器上的一个螺丝钉,当了人类发明技巧上的弥缝物,被消磨了一生。尼采对工人说:难道提高工资,减少贫困程度,就能废除你们的无个性的奴隶地位吗?他认为,只要机器工业的格局不变,工厂奴隶制度的实质就不会有变化。问题在于,"在对外在目标的追求上牺牲了多少内在价值"。"倘若你们不知道什么叫自由呼吸,你们的内在价值何在呢?"他要欧洲工人认识到自己的非人境况,开展一个伟大的自由运动,"反对机器,反对

---

1 参看《朝霞》175。
2 《快乐的科学》331。KSA,第3卷,第558页。
3 参看《看哪这人》:《不合时宜的考察》2。
4 参看《快乐的科学》366。
5 参看《快乐的科学》356。

资本，反对不是当政府的奴隶就是当反对党的奴隶的被迫的选举"。最后，尼采提出了一个别具一格的治疗欧洲文明弊病的方案：欧洲工人向欧洲以外移民，在荒野上寻求自作主人，带去欧洲文明中的积极成果，同时把美丽野性的自然气质传回欧洲。最有趣的是他提出要把中国人请到欧洲，带来东方的思想方式和生活方式，"他们能够在整体上提供帮助，把亚洲的宁静和沉思，尤其是把最需要的亚洲的坚韧，输入到躁动不安的欧洲的血液里去"[1]。

在工厂奴隶制度下，工人是奴隶，资产者就不是奴隶吗？尼采认为，古代的奴隶比现代的"主人"资产者更高贵。资产者也是奴隶，是机器的傀儡，是19世纪文化卑劣的记号。"他们获得了财富，却变得更加贫乏了。"尼采还预言，因为资产者的市场冲突，50年内将发生世界大战。[2]

对于工厂奴隶制度的批判，尼采仍然归结到文化：结局是"作为目的的文化消失了，而作为手段的现代科学活动野蛮化了"。[3]

在尼采对现代文明的批判中，对现代教育的批判占有重要地位。他认为，现代教育的弊病同样是扼杀本能和个性。现代教育的原则是培养社会所需要的第二天性，可是，从不照顾到人的第一天性。一旦第二天性成熟了，第一天性却枯

---

1 以上引文均见《朝霞》206。KSA，第3卷，第183—185页。
2 转引自威尔都兰：《古今大哲学家之生活和思想》，第660—662页。
3 《看哪这人》：《不合时宜的考察》2。KSA，第6卷，第317页。

萎了。很少有人能在第二天性的保护下使第一天性成熟，然后蜕掉那张蛇皮。[1]由于科学的严格分工，充当教育者的人都只有极专门极狭窄的知识，遇到天性完满的学生，就无能为力。教育家——教育的第一条件阙如。学校成为"高级保姆"。所以尼采说："我们的文化之受到损害，莫过于自负的游手好闲者和片断人性的过剩；我们的大学与愿相违的是使精神本能这样退化的地道温室。"[2]尼采主张个别式的教育，如18世纪时，每个教育者只有一个或几个学生，因材施教。现代教育却工厂化了，固定的教材施于一切人。[3]学生完全没有主动权，把生命耗费于死的学问，好像这便是他不能不服从的命运，在苦读中颤抖着反复朗诵这诗句："命运啊，我跟从你！即使我不愿意，我必须如此，一边叹息一边跟从！"[4]尼采嘲讽地虚拟一次博士考试的问答："一切高等教育的任务是什么？——把人变成机器。用什么方法？——他必须学会厌倦自己。怎样达到这个目标？——通过义务的概念。"[5]教育的方法则是灌输式，"违背了一切教育的最高原则：只有饥饿者，才能与之食！"[6]而教材又是拼凑的杂烩，使学生把青春浪费

---

1 参看《朝霞》455。
2 《偶像的黄昏》：《德国人缺少什么》5、3。KSA，第6卷，第107、105页。
3 参看《朝霞》194。
4 《朝霞》195。KSA，第3卷，第168页。
5 《偶像的黄昏》：《一个不合时宜者的漫游》29。KSA，第6卷，第129页。
6 《朝霞》195。KSA，第3卷，第168页。

在无用的知识上。更严重的后果是，如此教育出来的现代人失去了真面目，成为颜色和碎纸片的胶合品。一旦除去教育的伪饰，现代人的裸体又衰弱如骷髅。[1] 现代教育的成绩不过是产生躯体和精神都长了驼背的学者，或听命于国家的公务员，或借文化牟利的市侩，或虚荣心十足的凡夫俗子，或更普遍的一类，这四种人的混合物。尼采指出："要改造我们植根于中世纪的现代教育制度的基本思想……必定要历尽千辛万苦。"[2]

生命本能的衰竭，精神文化的贫乏，使尼采得出结论：人性残缺不全了，现代人不是完整的人。

"真的，我的朋友，我漫步在人中间，如同漫步在人的碎片和断肢中间！……我的目光从今天望到过去，发现比比皆是：碎片、断肢和可怕的偶然——可是没有人！"[3]

在这样一个时代里，尼采感到自己是一个"无家可归的人"[4]，是一个"被从父母之邦放逐了"的人[5]。现代人啊，你们离生命的坚实土地太远，你们离自由精神的天空也太远。你们太世俗化了，太讲求实际了，你们已经不复懂得刺心的酸楚，蕴藉的欢娱，远离朋友的伤悲，默默无言的沟通，失眠

1 　参看《查拉图斯特拉如是说》：《教育的国土》。
2 　《作为教育家的叔本华》6。KSA，第1卷，第401—402页。
3 　《查拉图斯特拉如是说》：《拯救》。KSA，第4卷，第178页。
4 　《快乐的科学》377。KSA，第3卷，第630页。
5 　《查拉图斯特拉如是说》：《教育的国土》。KSA，第4卷，第155页。

者的热望，一无需要者的自由。你们以自愿的心安理得的清贫、失业、不婚为可笑。要体会高贵的温柔的感情，你们的心是过于屠弱又过于坚硬了。

尼采对现代完全失望了。"这时代是一个病妇——让她去叫喊、骂詈、诅咒和摔盆盆罐罐吧！"[1]"今天的一切——坠落了，颓败了：谁愿保持它！而我——我要把它推倒！"[2]这位古希腊英雄的精神后裔，怀抱着他的孤独的理想，向着远海中未被探险过的国土，向着子孙之邦，向着20世纪，扬帆开航了。

末人和超人

"超人"是尼采的一个梦。不过，这个梦的诞生却不是没有缘由的。

他对现代人失望了。哪怕是现代人中的最优秀者，在他看来也不够伟大。在《查拉图斯特拉如是说》的最后一卷，我们看到高贵的人们陆续来到查拉图斯特拉的洞府，查拉图斯特拉一时感到欣慰，但很快就失望了。这是一些不满现状的人，然而缺乏理想，看不见黎明的曙光。他们是失败者，

---

[1] 诗稿。GA，第8卷，第381页。
[2] 《查拉图斯特拉如是说》：《旧榜和新榜》。KSA，第4卷，第262页。

没有学会舞蹈着超越自己。查拉图斯特拉说:"我期待着更高大、更强健、更优胜、更快乐的人们,期待身心严整的人们:欢笑的狮子必将到来!"[1]这"欢笑的狮子"就是超人。"我还没有见到伟大的人"[2]——对人的现状的失望,使尼采梦想超人诞生。

"超人"又不尽是梦,而是尼采关于人的理想类型的一个象征。尼采认为,生命的本质在于不断地自我超越,人也是"一种应该被超越的东西"[3]。尼采念念不忘的问题是:"人如何被超越?"[4]他"唯一想要许诺的事便是'改善'人"。[5]那么,人究竟如何被超越和改善呢?尼采把希望寄托在人的一种新的高级类型的产生及其成功上面。在他看来,这是决定人的命运和前景的关键所在。

尼采的这一思想在他早期即已萌发。他在1874年写道:"通过观察任何一类动物和植物,可得出一个原理,即它们存在的目的仅在于产生更高的个别标本,更不同寻常、更强大、更复杂、更有生产力的标本。"应用到社会目的上来,便是:"人类应该不断地致力于伟大个人的产生——它的使命仅在于此,别无其他。"[6]或许可以把这看作超人说的胚芽,不过

---

1 《查拉图斯特拉如是说》:《欢迎》。KSA,第4卷,第351页。
2 《查拉图斯特拉如是说》:《魔术师》。KSA,第4卷,第320页。
3 《查拉图斯特拉如是说》:《快乐和激情》。KSA,第4卷,第44页。
4 《查拉图斯特拉如是说》:《高贵的人》。KSA,第4卷,第357页。
5 《看哪这人》序。KSA,第6卷,第258页。
6 《作为教育家的叔本华》6。KSA,第1卷,第383—384页。

我们要注意，超人说正式提出之时，也就是在《查拉图斯特拉如是说》中，尼采强调的是："还从来不曾有过一个超人。我看过最伟大的人和最渺小的人的裸体——他们彼此还太相像。真的，我发现连最伟大的人也——太人性了。"[1] 所以，超人不是指已有的伟人，它始终还是尚未产生的一种人的类型的象征。

尼采提出超人说，用意是给人的生存提供一个目标，一种意义。"人的生存令人感到莫名的恐惧，始终还没有意义……我要教人以他们存在的意义，这就是超人……"[2] 曾经有过许多民族，每个民族都有自己的目标，可是作为整体的人类——"人类还没有一个目标……可是，倘若人类还没有目标，岂不是还没有人类本身？"[3] 上帝的死使人类的信仰出现了空白，现在尼采要用超人来填补这空白："上帝死了，现在我们愿——超人生。"[4]"他迟早会朝我们走来，这拯救者……他给大地以目标……这位战胜上帝和虚无的胜利者。"[5] 尼采一再说："超人是大地的意义。""人是连接兽和超人的一条绳索……人之伟大在于他是渡桥而非目标；人之可爱在于他

---

1 《查拉图斯特拉如是说》:《牧师》。KSA，第4卷，第119页。
2 《查拉图斯特拉如是说》序。KSA，第4卷，第23页。
3 《查拉图斯特拉如是说》:《一千零一个目标》。KSA，第4卷，第76页。
4 《查拉图斯特拉如是说》:《高贵的人》。KSA，第4卷，第357页。
5 《道德的谱系》第2章24。KSA，第5卷，第336页。

是过渡和没落。"[1]"我关心的是超人,他是我的第一者和唯一者——而不是人,不是邻人,不是最穷的人,不是最苦的人,不是最好的人。"[2]"目标不是人,而是超人!"[3]

一本《查拉图斯特拉如是说》几乎就是超人的赞歌。尼采自己说,在这本书里,"人时时刻刻都在被超越,'超人'概念已成为最高的现实——迄今为止人身上被称作伟大的一切都在它下面,距离无限遥远"[4]。可是你翻遍这本书,也找不到"超人"概念的稍许明确一点的说明。"超人"本身是个譬喻,用来说明"超人"的又是一连串的譬喻:云中的闪电,淹没对人的蔑视的大海,藏在人类石头中的形象……

"我的炽热的创造意志一再驱使我向着人,如同驱使铁锤向着石头。你们人呵,在石头里熟眠着我的一个形象,我的一切形象的形象!……超人的美如同幻影向我走来。"[5]"我的意志执着于人,我以链子自缚于人,而我却被拖拽向超人,因为我的另一个意志向着那里。"[6]始终还是譬喻。不过,有一点是清楚的:超人是尼采试图树立的一种人的形象的象征,是"一切形象的形象"。这一点很重要。尼采关于人的形象有

---

1 《查拉图斯特拉如是说》序。KSA,第 6 卷,第 14、16—17 页。
2 《查拉图斯特拉如是说》:《高贵的人》。KSA,第 4 卷,第 357 页。
3 《强力意志》693。
4 《看哪这人》:《查拉图斯特拉如是说》6。KSA,第 6 卷,第 344 页。
5 《查拉图斯特拉如是说》:《在幸福岛上》。KSA,第 4 卷,第 111—112 页。
6 《查拉图斯特拉如是说》:《人的聪明》。KSA,第 4 卷,第 183 页。

过许多构想：充满酒神精神的生命的肯定者和生之欢乐的享受者，有着健全的生命本能和旺盛的强力意志的强者，有着独特个性的真实的人，超越一切传统道德规范、处于善恶之彼岸、自树价值尺度的创造者，不为现代文明所累的"未来之子"，等等。作为"一切形象的形象"的超人，把这一切形象都融合为一体了。我们还可以看出，超人不存在于任何别的地方，人是唯一的原料。尼采像一个雕塑家一样注视着人这块大理石，心中酝酿着一件完美的艺术品——超人。他有两重意志，既执着于人，又向往超人，正表露了他对人又爱又不满意的矛盾心理。

要把握超人的确切含义，最好的办法是用否定的方式来把握。尼采自己实际上也是这么做的。他说："'超人'这个词是指一个发育得最好的类型，与'现代人'、'善人'、基督徒以及其他虚无主义者正相反——这个词出自道德的破坏者查拉图斯特拉之口，就特别值得深思……"[1]又说："查拉图斯特拉称善人为'末人'，为'末日之开始'；尤其是他认为他们是最有害的一种人，因为他们既以牺牲真理，又以牺牲未来为代价来维持他们的生存。"[2]

"超人"与"末人"正相反对——这给我们提供了一把钥匙。

"末人"的特征是什么呢？第一，没有创造的愿望和能

---

1 《看哪这人》：《我为何写出如此杰作》1。KSA，第6卷，第300页。
2 《看哪这人》：《为何我是命运》4。KSA，第6卷，第369页。

力,不再投掷愿望的箭,不再诞生任何的星。他们眨着眼问道:"什么是爱?什么是创造?什么是愿望?什么是一颗星?"第二,谨小慎微,猥琐卑劣,浑浑噩噩地过日子。他们靠彼此摩擦来取暖。他们小心地走路,生怕绊倒在石头和别人身上。白天黑夜都有微小的纵欲,以为是幸福。不断用一点小毒品制造快乐的梦,最后的大毒害造成舒适的死。以工作为消遣,同时又留心着不让这消遣伤害了自己。第三,个性泯灭,千人一面。他们不再贫穷或富足,两者都太苦恼。他们不愿支配和服从,两者都太苦恼。一群没有牧人的羊。一切人意愿相同,一切人相同,有着别种感情的人进疯人院去。

很明显,"末人"就是尼采批判过的那种"奴隶"性格。

尼采认为,"末人"是全人类未来的最大危险。他警告人类:人的土地还足够肥沃,但像现在这样下去,总有一天这土地会贫瘠、耗竭,不再有高迈的树生长。[1]

在与"末人"相反的意义上,我们不妨把"超人"看作"主人"道德的化身。

尼采生前就抱怨说,"超人"这个词"几乎到处都被漫不经心地按照那样一些价值含义来理解,比如说被理解为人的一种更高的'理想主义'类型,半是'圣徒',半是'天才',而我借查拉图斯特拉的形象所倡导的恰恰是相反的价值……别的博学的笨蛋则因为这个词而怀疑我是达尔文主义者;甚

---

1 参看《查拉图斯特拉如是说》序。

至从中看出了我所深恶痛绝的由那个无知无畏的大骗子卡莱尔主张的'英雄崇拜'"。[1]

读了这段话，我们不禁感到困惑，因为它几乎把"超人"概念的一切可能的解释都排除了。

尼采是反对英雄崇拜的，因为在他看来，一切崇拜都是一种神化，每一个被崇拜者周围都有一群自我贬值的愚氓。超人不是神，不是偶像，相反是神和偶像的敌人。

尼采也是反对社会达尔文主义的。在他看来，进化不利于杰出个体，反而有利于"末人"的生存和繁衍。如要用生物学术语来表达，毋宁说超人的产生要靠人工选择而非自然选择，也就是要靠人类有意识地创造条件。

尼采还反对"天才迷信"，认为这是一种"全然宗教的或半宗教的迷信"。天才并无创造奇迹的能力，他们是"伟大的工作者"。[2]

可是，等级制度呢？他无疑是等级制度的热烈的主张者。在这方面人们可以举出无数的证据："造成种姓秩序、等级秩序的只是最高生活法则本身。"[3] "奴隶制度、高度隶属关系是每种高级文化的前提。"[4] "'人'这个种类的每一次强化和上

---

[1] 《看哪这人》：《我为何写出如此杰作》1。KSA，第6卷，第300页。
[2] 《人性的，太人性的》第1卷164、155。KSA，第2卷，第154、147页。
[3] 《反基督徒》57。KSA，第6卷，第243页。
[4] 《强力意志》464。

升也都附有一种新的征服和奴役。"[1]"我的学说是：有上等人，也有下等人，一个个人是可以使千万年的历史生辉的。"[2]

诚然，尼采所主张的等级制度主要地不是依据血统，而是依据精神，但这仍然是一种地道的等级制度。他感到遗憾的是："自然为何如此亏待人，不让人按照内在的光的充足程度发光，使一个人亮些，另一个人暗些？为何伟大的人升降时不像太阳那样美丽可观？如果那样，人与人之间的生活该多么明朗！"[3]他明确说明自己划分等级的标准："我把生活划分为两种类型，一种是奋发有为的生活，另一种是堕落、腐化、软弱的生活。难道我们不该相信有必要在这两种类型之间提出等级的问题吗？"[4]促使尼采主张等级制度的原因有二。一是他蔑视群众，对大多数人失去信心，认为他们一旦占据支配地位，就会对少数优秀人物施行暴政。二是他认为在事关创造文化的时候，幸福如何分配的问题无关紧要，多数人应当为少数能够创造高级文化价值的人做出牺牲。

现在我们关心的问题是：尼采所说的上等人是不是超人？在前面引证的话里，他否认。可是在别的地方，他又肯定："人是非动物和超动物；上等人是非人和超人：这是互相联系的。人长得越高越大，也就越深越广……"[5]这里的"非

---

1 《快乐的科学》377。KSA，第3卷，第629页。
2 《强力意志》545。
3 《快乐的科学》336。KSA，第3卷，第564页。
4 《强力意志》546。
5 《强力意志》692。

人"指深邃充盈的本能,"超人"指精神的超越性,两者相辅相成,统一于"上等人"身上了。不过,所谓的"上等人"毕竟还不是指现实社会中的等级,而是有待于按尼采的标准建立的等级。超人仍不是现实的人的类型。

那么,超人是否是理想的典型呢?他又否认。尼采对于理想主义一般持轻蔑态度,认为这是逃避现实的软弱表现。他也曾强调:"为人辩护的是人的现实。"[1] 现实的人比理想的人更有价值。尼采似乎是想表明,超人并非一种无根底的空想,他是现实的人通过自我超越而可以达到的一个目标。然而,他又一再申明,没有一个现实的人能成为超人,而只能为超人的产生准备条件,做出牺牲。尼采如此狂妄,可是他从来没有自称超人,连真的发疯时也没有。他不肯亵渎了自己的理想。超人终究是一种理想,过去不曾有过,将来也不会有。他不过是尼采表达超越之急迫愿望的一个象征。在尼采所憧憬的新世纪——我们的 20 世纪,已经很少有人相信超人说了,可是谈论人的自我超越性的却越来越多。也许,这就是"超人"寓言的收获。

---

[1] 《偶像的黄昏》:《一个不合时宜者的漫游》32。KSA,第 6 卷,第 131 页。

第九章　诗人哲学家

> 我的心弦被无形地拨动了，
> 悄悄弹奏一支船曲，
> 战栗在绚丽的欢乐前。
> ——你们可有谁听见？……
>
> ——尼采

尼采是个哲学家，更是个诗人，说不定还是个音乐家。尼采也确实留下了若干音乐作品，1983年世界哲学大会上举办音乐会，演奏了他的作品。音乐几乎是他的本能，他的灵魂就是一支飘逸的乐曲。他在诗歌中寻找本能的升华，在哲学中寻找灵魂的超越。可是，当我们读他的哲学时，我们仍然觉得这是诗。当我们读他的哲学和诗时，我们仍然像在听音乐。

这位力的讴歌者却有着一颗纤巧精致的心灵，用他的话说，那是一颗神秘的酒仙女似的心灵。在他和瓦格纳交往时，瓦格纳常常欺侮他，几句笑话就把他折磨得烦躁不安，而瓦格纳却疯子似的说得更加起劲。瓦格纳真像一个疯子，生气时暴跳如雷，高兴时在沙发上竖蜻蜓，在钢琴上跳上跳下，跑到花园里爬树。相形之下，尼采恬静而又有几分羞怯。他自小不合群，宁与花木为伴。除了弹琴、读书，便是一人踽踽独行。10岁时，他就写出哀婉悲悼的诗作，祭父亲的坟茔。他留下了许多别具一格的诗，在德国现代诗史上据有独特地位。但是他对音乐的态度可有点奇怪了。他曾经作过曲，一度还打算永远投身音乐。可是，就像他在挚爱的大师瓦格纳面前逃走了一样，他在音乐面前也逃走了。音乐是个迷人的情人，因为迷人而带有危险。他怕自己沉溺在音乐中，也就是说，沉溺在无数朦胧的渴望和柔软的思慕中，丧失了力。有什么用呢？至多是不当音乐家罢了，可他反正在音乐中沉醉了一辈子——琴弦上的音乐和心灵上的音乐。他自己承认："我终究是个老音乐家，除了音乐没有别的慰藉。"[1]直到1888年他还叹息："没有音乐的生活简直是一个错误，一种苦难，一次流放。"[2]贝多芬用五线谱写哲学，尼采用哲理谱音乐，殊途而同归。世上有哪部哲学著作如今真的被谱成了交响乐呢？只有《查拉图斯特拉如是说》。

说尼采是个诗人哲学家，不只是因为他写诗，更是因为他把诗融进了哲学里，把哲学诗化了。哲学探讨人生，他给人生一个审美的解释。哲学追问世界本体，他对世界本体做

---

[1] 致加斯特，1887年6月22日。转引自雅斯贝尔斯：《尼采导论》，第36页。

[2] 致加斯特，1888年1月15日。转引自雅斯贝尔斯：《尼采导论》，第36页。

出艺术化的说明。哲学沉思万物，他使这澄明的思考闪耀诗的光华。席勒也是又写诗又搞哲学，可是他为诗和哲学的冲突苦恼了一辈子。尼采把二者融为一体了。德国的浪漫化哲学，从席勒、费希特、谢林、诺瓦里斯、施莱尔马赫、叔本华发展到尼采，算是达到了炉火纯青的地步，又启示了狄尔泰、海德格尔、马尔库塞在这条路上进一步探索。求人生的诗化，进而求本体的诗化，进而求哲学思考方式本身的诗化，是这种浪漫化哲学的主旨。

审美的人生

古希腊是尼采心中的圣地。他为自己和人类设计的通向未来的航线，其实也就是他向古希腊朝圣的路线。他在这条路上跋涉了一辈子。希腊的神圣在于美。在尼采看来，除了美，还有什么称得上神圣的呢？希腊人是唯一健康、优美、坚强、乐生的民族。在希腊，天空像一口蔚蓝的钟，人们生活在空气新鲜、阳光充足的户外，生活在竞技场上、露天剧场里、节庆会场上。相比之下，现代人是多么渺小可怜，那些玩具似的卧室和客厅只配供丝织的玩偶居住，那些低矮的门只有伛偻的灵魂才能出入。希腊人用健全的眼光欣赏裸露的人体美；现代人以裸体为羞耻，又用淫邪的眼光亵渎人体美。希腊人懂得单纯素朴的伟大；现代人的灵魂却像一座复杂的迷宫。希腊人懂得孕育的沉默，故有伟大的创作；现代人却喧喧嚷嚷，受日常琐事的驱使。即使是艺术，也同样今不如昔，在古希腊，一切艺术品都陈列在人类节庆的大道上，作为高尚幸福时辰的纪念碑，现代人却用艺术品把羸弱的病人从人类痛苦的大道上引诱开去，消磨短暂的片刻。

对于古希腊艺术典范的向往，原是自文克尔曼以来德国美学的传统。不过，在尼采之前，人们往往从外部条件的适宜（气候、国家体制）或人性的和谐（感性与理性、人与自然尚未分裂）去探寻希腊艺术完美的原因。尼采在这一点上一反传统，不是用人的内心世界的和谐，而是用内心世界的冲突，来说明希腊艺术的鼎盛。他认为，正是希腊人生命本能的健全、丰盈、对生命的热爱，使他们比其他民族更深切地体会到人生的悲剧性质，有更深沉的痛苦；正是从这深沉的痛苦中，出于生命自卫的需要，产生了他们对于美、节庆、快乐、艺术的不断增长的渴望。[1]

有一则古老的希腊故事，叙述米达斯王在树林中抓住了酒神仆人西勒诺斯，逼他说出对人最好的是什么。西勒诺斯嘲笑说：可怜的浮生呵，对你最好的东西你是永远得不到了，那就是不要出生；不过还有其次好的，就是立刻死掉。然而，希腊人通过艺术的拯救而得出了相反的人生评价：最坏是立刻就死，其次坏是早晚要死。[2]艺术，只有艺术，才使人生值得一过。

希腊艺术的主体是奥林匹斯神话以及表现这神话故事的

1　参看《自我批判的尝试》4。
2　参看《悲剧的诞生》3。

雕塑。尼采认为，希腊人之所以需要神话和雕塑，是为了美化人生，给人生罩上一层神的光辉，以抵抗人生的悲剧性质。"希腊人知道并且感觉到生存的恐怖可怕，为了一般能够活下去，他必须在恐怖可怕之前安排奥林匹斯众神的光辉的梦的诞生。"[1] 个体生命不过是宇宙生命的现象，个人是速朽的，而艺术则"通过颂扬现象的永恒来克服个体的苦难，用美战胜生命固有的痛苦"。[2] 尼采用希腊神话中的光明之神阿波罗来命名这种美化人生的冲动，称之为日神冲动。这种冲动使人沉浸在事物外观的美之中，也可以说沉浸在梦之中，而忘掉可怕的真理。就算浮生若梦吧，那你就应该热爱这梦，精神饱满地把这梦做下去，不要失去了梦的情致和快乐。

酒神冲动是艺术的另一个根源，它通过音乐和悲剧的陶醉，把人生的痛苦化为快乐。

尼采自己说，审美的评价是他所确认的对人生的唯一评价。[3] 人生是一个美丽的梦，是一种审美的陶醉。可是，科学却要戳破这个梦，道德却要禁止这种醉。所以，审美的人生态度是与科学的人生态度、伦理的人生态度相对立的。

尼采一再谈到，他很早就被艺术与真理的矛盾所困扰。他的结论是，"不能靠真理生活"，艺术比真理更神圣、更有价值。[4] 真理的眼光过于挑剔，它不相信一切美的事物，对人

1　《悲剧的诞生》3。KSA，第1卷，第101页。
2　《悲剧的诞生》16。KSA，第1卷，第108页。
3　参看《看哪这人》:《悲剧的诞生》1。
4　参看GA，第14卷，第368页。又参看《强力意志》853。

生非要追根究底，结果把人生的可爱动人之处破坏无遗。绝世的佳人，若用科学的解剖刀来解剖，也只能剩下一具丑陋的尸骨。生命也是一个美女，不应当用解剖刀来欣赏她的。幻觉、欺骗、误解原是有感情的存在物的生存条件，科学却教我们看穿它们。科学的洞察力真让人忍受不了，如果没有艺术，人非自杀不可。好在有艺术，艺术就是求外观的意志。靠了艺术，我们感到我们负载着渡生成之河的那人生不再是一种永恒的缺陷，相反倒是一位女神，因而在这服务中觉得自豪和天真。"作为一种审美现象，我们感到生存总还是可以忍受的。"[1]

这倒不是故意回避人生的真相。正是因为已经看到了人生的真相，才懂得用艺术拯救人生的必要。其中有一种对人生的真诚严肃的态度。一个人倘若阅尽沧桑而足够深沉，就会领悟这道理："人应当尊重那羞怯，自然以这羞怯自匿于谜和光怪陆离的未知数之后。"不会像那个埃及青年，夜间偷入神庙，抱住神像，非要把它琢磨得水落石出。"这些希腊人呵！他们懂得怎样生活：为此必须勇敢地停留在表面、皱褶、皮肤上，崇拜外观，相信形式、音调、文辞和整个奥林匹斯外观领域！这些希腊人是肤浅的——出于深刻！我辈精神探险者，我们攀登过现代思想最险绝的顶峰，从那里环视过，俯瞰过，岂不又正回到了这里？"[2]

人生审美化的必要性，正出自人生的悲剧性。凡是深刻

---

1 《快乐的科学》107。KSA，第3卷，第464页。
2 《快乐的科学》序。KSA，第3卷，第352页。

理解了人生悲剧性的人，若要不走向出世的颓废或玩世不恭的轻浮，就必须向艺术求归宿。尼采比较了三种人生观，认为印度的出世和罗马的极端世俗化均是迷途，唯有希腊人的审美化人生才是正道。出世和玩世都是生命的自暴自弃，艺术却是生命的自救。尼采说："生命通过艺术而自救。"[1] 艺术是"生命最强大的动力"，是"使生命成为可能的伟大手段，求生的伟大诱因，生命的伟大兴奋剂"。[2] 他还说：在热爱生命、热爱尘世事物、热爱感官这一点上，"艺术家比迄今为止所有哲学家更正确"。[3]

审美的人生又是和伦理的人生相对立的。基督教伦理以美和艺术为虚幻，可是"一切生命都是建立在表象、艺术、幻觉、外观、误解、背景之缺乏的基础之上的"，否定美和艺术也就是否定了生命。尼采明确说，他的生命自卫本能"反对了伦理，为自己创造出一种对生命的根本相反的学说和相反的评价，一种纯艺术的和反基督教的评价"[4]。他以他的美嘲笑了道德家们。[5] 人凭借着艺术，而在道德的上空飘浮，游戏。[6]

人生的审美化，着眼点还是人生。正是为了肯定人生，尼采"以艺术家的眼光考察了科学，又以人生的眼光考察了

---

[1] 《悲剧的诞生》7。KSA，第1卷，第56页。
[2] 《强力意志》808、853。
[3] 《强力意志》820。
[4] 《自我批判的尝试》。KSA，第1卷，第19页。
[5] 参看《查拉图斯特拉如是说》：《道德家们》。
[6] 参看《快乐的科学》107。

艺术"[1]。美使人生值得一过，可是只有健康的人生才是美的。"没有什么东西是美的，只有人是美的：在这一简单的真理上建立了一切美学，它是美学的第一原理。我们立即补充第二原理：没有什么东西比退化的人更丑——审美判断的领域就此被限定了。"[2] 怯懦的眼睛不可能感受到美。对美的热爱出于对人生的热爱，这种爱是全心全意的，甚至不惜付出生命的代价。"美在哪里？在我须以全意志意欲的地方；在我愿爱和死，使意象不只保持为意象的地方。爱和死：永远一致。求爱的意志：这也就是甘愿赴死。"[3] 尼采对康德美学的主要命题"无利害关系的愉快"极为反感，指责这一命题玷污了美和艺术。[4] 在他看来，审美绝非一种静观境界，而是生命激情奔放的状态。

尼采对美的要求如同对人生的要求一样，美必须表现出生命和力。他以这个标准衡量艺术，对颓废柔弱的艺术进行了猛烈抨击。

让我们试用尼采的眼光来为审美的人生描绘一幅图画。他怀着一颗强健勇敢的心灵，欢快而又坚定地走在人生之路上，充满着对未经发现的世界和海洋的向往。在战斗的间隙，

---

1 《自我批判的尝试》。KSA，第1卷，第14页。
2 《偶像的黄昏》：《一个不合时宜者的漫游》20。KSA，第6卷，第124页。
3 《查拉图斯特拉如是说》：《纯洁的认识》。KSA，第4卷，第157页。
4 参看 GA，第14卷，第132页。

他陶然于片刻的休憩和嬉戏；在顷刻的欢悦中，他又会颓然于幸福者的紫金色的哀愁。[1] 他逍遥于自然中，在日光下，迅雷骤雨中，夜色苍茫里，欣赏那襟带群山、海湾、橄榄林和松柏林的美。他也逍遥于人群中，不用道德的眼光，而用审美的眼光看人，能把恶人当荒野的风景欣赏。[2] 他有精深的感觉和微妙的趣味，习惯于把最优美卓越的精神产品当作日常的食物。[3] 他耳畔萦绕着明朗而深邃的音乐，犹如十月之午后，那又是奇特、诡谲而温柔的音乐，如同一个恣肆、娇媚、甜蜜的小女子。[4] 他眼前升起简穆而飘逸的艺术，像一朵明丽的红焰升上无云的太空。[5] 他在美中度过了一生，一切欢乐都在美中得到了谢恩，一切痛苦都在美中得到了抚慰……

艺术化的本体

尼采把日神冲动和酒神冲动看作艺术的两种根源，把梦和醉看作审美的两种基本状态。不过，二者不是同等重要的。在他看来，酒神冲动是最本原的冲动，在醉的状态中，人与存在达到了沟通。

1　参看《快乐的科学》302。
2　参看《朝霞》468。
3　参看《快乐的科学》302。
4　参看GA，第15卷，第40页。
5　参看《快乐的科学》序。

醉是一种"神秘的自弃"状态[1],当醉酒、恋爱或春天来临之时,人就飘然欲仙,陶然忘机,他的主观消失于自我忘却之中。在艺术中,音乐和悲剧直接体现了这种神秘的醉境。音乐是最纯粹的醉境,它是"世界的心声""太一的摹本",是从世界心灵中直泻出来的原始旋律。[2] 人的心灵中常常会产生一种莫名的情绪,无言词可表达,无形象可描绘。它使你惆怅、惘然、激动,感到若有所失又若有所得。那就是音乐的情绪。那是一种与世界本体脉脉相通的情绪,其中重现了世界的原始冲突和原始痛苦。悲剧则是这种情绪的形象表现。在悲剧中,你由个体毁灭的痛苦体验到了融入原始存在的快乐。

那么,人在醉境中所沟通的那原始存在、那世界本体究竟是什么呢?就是永恒的生成,或者说,永不耗竭的生命意志,求强力的意志——这都是一个意思。不过,尼采又把它艺术化了。他说:"世界犹如一件自我生育的艺术品。"[3] 这个永恒生成着的世界,不断地创造着也破坏着,以此自娱,不正酷似艺术活动吗?作为永不枯竭的生命意志,它一会儿产生个体生命,一会儿又毁掉个体生命。产生、肯定和美化个体生命,这是自然界本身的日神冲动。毁灭和否定个体生命,这是自然界本身的酒神冲动。在这个意义上,尼采说:酒神

---

1 《悲剧的诞生》2。KSA,第1卷,第31页。
2 《悲剧的诞生》21、5。KSA,第1卷,第138、44页。
3 《强力意志》796。

冲动和日神冲动是"无须人间艺术家的中介而从自然界本身迸发出来的"二元冲动。[1]

这位富有艺术气质的自然母亲，使她的子女们也秉承了她的气质。由自然界本身的二元冲动，产生了人的两种基本的审美状态——梦与醉。"日神状态和酒神状态。艺术本身作为一种自然的强力借这两种状态表现在人身上，支配着他，不管他愿意还是不愿意：或作为驱向幻觉之迫力，或作为驱向放纵之迫力。这两种状态在日常生活中也有所表现，只是比较弱些：在梦中，在醉中。"[2] 自然界要肯定个体生命，所以你不得不做梦。自然界要否定个体生命，所以你不得不滥醉。

人间的艺术家只是世界本体这位原始艺术家的模仿者。一些人模仿日神冲动，用颜料、大理石、文字编织梦的形象，成为造型艺术家和史诗诗人。另一些人模仿酒神冲动，用节奏和旋律传达醉的情绪，成为音乐家和抒情诗人。悲剧家兼而有之，把醉的情绪生发为梦的形象。艺术家只是艺术的承担者，不是艺术的泉源。他的自我是世界本体的代言人，"从存在的深渊发出呼唤"。[3]

本体的艺术化与艺术的本体化是同一件事情的两个方面。既然世界本体原是一种艺术活动，那就只有艺术活动才能体现世界本体。尼采始终强调艺术的本体论意义："艺术是生命

---

1 《悲剧的诞生》2。KSA，第1卷，第30页。
2 《强力意志》798。
3 《悲剧的诞生》5。KSA，第1卷，第44页。

的最高使命和生命本来的形而上活动。"[1]艺术是"对自然现实的形而上补充"。[2]不过，如果我们追循尼采的思想逻辑，我们就会发现，他之所以要把本体艺术化，又把艺术本体化，仍然是为了给人生提供一种意义。艺术的形而上学意义实来自人生需要形而上学意义。"我们的最高尊严在艺术活动的价值之中，因为只有作为审美现象，人生和世界才永远有充足理由。""要正确认识世界之存在，只有把它当作一种审美现象。"因为"只有全然非理性、非伦理的艺术家之神，才会在创造中如同在破坏中一样，在善之中如同在恶之中一样，愿意知道他自己有同样的快乐和胜利；在创造世界的时候，他从丰满和过剩之苦闷中，从积聚心头的矛盾之苦恼中，解放了自己"[3]。世界本身并无意义，它不断产生和毁灭个体生命的活动本身也并无意义，如果你要用真理或道德的眼光去探究它的意义，你只会失望，会对生命本身失去信心。可是，一旦用艺术的眼光去看世界，无意义的生成变化过程突然有了一种意义，那就是审美的意义。在尼采看来，舍此别无肯定存在的途径。"艺术的本质方面始终在于它使存在完成，它产生完美和充实，艺术本质上是肯定，是祝福，是存在的神化。"[4]艺术使有根本缺陷的存在变得完美无缺了，那根本缺陷就是存

1　《悲剧的诞生》前言。KSA，第1卷，第24页。又见《强力意志》第853节。
2　《悲剧的诞生》24。KSA，第1卷，第151页。
3　《自我批判的尝试》5。KSA，第1卷，第17页。
4　《强力意志》821。

在的无意义,而它获得意义也就是它的完成。被如此艺术化了的本体,人不再感觉其荒谬,人居住在这世界上就如同居住在家里一样了。

艺术化的本体已不是传统形而上学所追问的那个本体。尼采是根本不承认那个与人漠不相关的本体的。对于他来说,世界之本体即世界之意义。评价本身即具有形而上学意义。形而上学不应该是追究世界本原的活动,而应该是对世界做出评价即赋予意义的活动。"人最后在事物中找出的东西,只不过是他自己曾经塞入的东西:找出,就叫科学;塞入,就叫艺术、宗教、爱、骄傲。这两件事本身就该是游戏,也应当继续搞下去,鼓足勇气搞下去——一种人去找出,另一种人——我们这种人!——去塞入!"[1] 本体的艺术化之所以可能,秘密全在于此了。

通过本体的艺术化和人生的审美化,尼采追求一种人与世界打成一片的感觉。在他看来,理性的发展削弱了人的原始本能,恰恰破坏了这种感觉。以色彩感为例,蓝色和绿色是自然异于人的色彩,可是古希腊人描绘自然时对蓝绿二色完全色盲,却使用人的色彩如深褐色和黄色。人与自然之间色彩的和谐感"正是人类最初学会欣赏一切存在的途径"。在这方面一旦精细化了,和谐也就失去了。[2]

追求与自然打成一片,渴望通过艺术而与永恒合为一体,

---

1 《强力意志》281。
2 参看《朝霞》426。

讴歌梦与醉，正是浪漫主义的主要特色。尼采是一个天生的浪漫主义者。他反对酗酒，但他比任何酒徒都更充满醉意：

> 一位女子害羞地问道，
> 在一片曙色里：
> "你清醒时已经轻飘飘，
> 喝醉酒更当如何颠痴？"[1]

可是，我们发现，这位浪漫气十足的哲学家在艺术领域里攻击得最厉害的恰恰是浪漫主义。他对消极浪漫主义的批评尚可从他的强力意志说得到解释，但他有时所攻击的偏是他自己的安身立命之本——他指责浪漫主义者渴望一种"形而上的慰藉"。[2] 那不也是他自己的渴望吗？要不他干吗要把本体艺术化呢？

我们在尼采身上常常发现这种矛盾现象。他蔑视他之所爱，爱得愈甚，攻击也愈甚。就天性而论，他首先是个音乐家，其次是个诗人，再其次是个思想家。而他的评价却倒了过来："诗人比音乐家站得高，他达到了较高要求，近乎完人；思想家达到了更高的要求，他向往完全的、集中的、新鲜的力量，不贪图享受，而是渴望战斗，坚决放弃一切个人

1　诗稿。GA，第8卷，第366页。
2　《自我批判的尝试》第7节。KSA，第1卷，第22页。

欲求。"[1] 对于音乐的攻击俯拾皆是，对诗人的贬薄也不少见。[2] 当然，对二者也有同样热烈的赞颂。从这种自相矛盾中，我们能感觉到尼采的深刻苦恼，这是追求与幻灭的苦恼。

每个诗人都相信：谁静卧草地或幽谷，侧耳倾听，必能领悟天地间万物的奥秘。

倘有柔情袭来，诗人必以为自然在与他们恋爱：

她悄悄俯身他们耳畔，秘授天机，软语温存，于是他们炫耀自夸于众生之前！

哦，天地间如许大千世界，唯有诗人与之梦魂相连！

尤其在苍穹之上，因为众神都是诗人的譬喻，诗人的诡词！

真的，我们总是被诱往高处——那缥缈云乡，我们在其上安置我们的彩色玩偶，然后名之神和超人——

所有这些神和超人，它们诚然足够轻飘，与这底座相称！

唉，我是多么厌倦一切可望而不可即的东西！

1　遗稿。GA，第 11 卷，第 337 页。
2　参看 GA，第 3 卷，第 7 页；第 7 卷，第 257 页；第 11 卷，第 336、339 页；第 14 卷，第 139 页。

唉，我是多么厌倦诗人！[1]

尼采毕竟是个现代人，已经失去人类童年的天真，不能像他神往的希腊人那样与自然大化浑然一体了。他赋予世界以审美的意义，可他心里明白，这不过是诗人的譬喻，因而所赋予的意义时时有失落的危险。他做梦，沉醉，可他心灵的至深处却醒着，并且冷眼审视这梦着醉着的自己，生出了一种悲哀和厌倦。

但尼采毕竟又是个诗人。他之为诗人是由于天性："我惭愧我仍然不能不是一个诗人！"[2]"我怕我太是个音乐家，势将难于不做浪漫主义者了。"[3] 他之为诗人又是出于必要："倘若人不是诗人、解谜者和偶然的拯救者，我如何能忍受做一个人！"[4] 英雄的渴望"只有在美之中才能静息和沉抑"。[5] 尼采用艺术来拯救这无意义的世界，他同时也是在拯救他自己的灵魂，这颗渴望超越的灵魂如果没有艺术形而上学的慰藉，将堕入悲观主义的地狱而不能自拔了。

唉，艺术形而上学终究只是个慰藉！

---

1 《查拉图斯特拉如是说》：《诗人》。KSA，第4卷，第164—165页。

2 《查拉图斯特拉如是说》：《旧榜和新榜》。KSA，第4卷，第247页。

3 致勃兰兑斯的信。转引自威尔都兰：《古今大哲学家之生活与思想》，第669页。

4 《查拉图斯特拉如是说》：《拯救》。KSA，第4卷，第179页。

5 《查拉图斯特拉如是说》：《高超的人》。KSA，第4卷，第152页。

诗意的思

关于哲学究竟是科学还是诗的争论恐怕永远不会有一个结论，实在也不必强求一个结论，就像不必强求一切人气质相同一样。一个理智型的人治理哲学不能不如同治理科学，因为他原本就是一个科学家。一个情感型的人不能不把哲学当作诗，因为他原本就是一个诗人。尼采当然属于后者。

尼采称学院哲学为"血蝠主义"，抽象的观念如同吸血蝙蝠一样，吸尽了哲学家的血，使他变得贫血苍白，使他心灵枯竭。[1] 尼采看见这样的哲学家阴郁地从知识之林中归来，衣衫褴褛，悬挂着他的猎物，那丑陋的真理；也悬挂着许多棘刺，可是没有一朵玫瑰花。[2] 不，哲学是不该如此丑陋、枯燥、艰难的，尼采要把欢笑、美、幻梦、谜渗入哲学，使它如同诗一样闪射奇异的光彩，使人可以在其中自由逍遥，流连忘返。[3]

那些在哲学中寻找严密逻辑体系的人一定会对尼采哲学感到失望，就像尼采也对以往一切哲学体系感到失望一样。尼采根本就反对构造体系。他说："我不信任一切体系构造者并且避开他们。构造体系的意愿是一种不诚实的表现。"[4] 诚实

---

[1] 参看《快乐的科学》372。KSA，第3卷，第624页。
[2] 参看《查拉图斯特拉如是说》：《高尚者》。
[3] 参看《朝霞》427。
[4] 《偶像的黄昏》：《格言与箭》26。KSA，第6卷，第63页。

的哲学家投身人生的激流,珍惜自己的闪耀着浪花之美的真实感受,其中交织着他的爱和恨、欢乐和痛苦。体系构造者却远离人生,如树丛里的蜘蛛,编织蛛网,还自以为他的灰色的体系之网笼罩了整个大千世界。

在尼采看来,一个真正的哲学家本质上必然也是一个诗人。诗人的心灵,哲学家的头脑,这两样东西难道能够分开吗?一个人不正是因为有了一颗富于感受的热爱人生的心,才会去对人生之谜作哲学的探索吗?那么,同样道理,在作这种探索时,他又怎会不再受诗的激情支配呢?哲学家和诗人是息息相通的,他们都是不实际的、不世故的,进入他们视野的是人生和世界的大问题,他们为同一个谜所吸引,寻找着同一个梦境。

诗意的思,首先是真情实感的思。"痛苦使母鸡和诗人咯咯地叫。"[1] 哲学家如同诗人一样,因孕育的痛苦而写作,他的全部哲思从心底流泻。

诗意的思,又是强调哲学的思必如同诗的灵感一样,在一闪光中才能袭取存在之真理。尼采的哲学著作多以格言形式写成,不独出于爱好,在他看来乃是出于必需。表达方式取决于思考方式,思考方式又取决于思考对象本身。尼采在谈到他的思考方式时写道:"我对待深刻的问题就像对待冷水浴那样——快速进去,快速出来……大冷使人敏捷!——顺便问一下:一样东西只在一瞬间被触及、瞥见、照亮,就真的

---

1 《查拉图斯特拉如是说》:《高贵的人》。KSA,第4卷,第362页。

是没有被理解和认识吗？非得牢牢坐在上面吗？非得像孵一只蛋那样孵它吗？……至少有一种特别羞怯敏感的真理，除了突然获取别无他法——必须突袭它，或者放弃它……"[1]存在喜欢隐匿自身，一切至深的人生奥秘和存在奥秘，都要靠突袭获取。

与其说突袭思想，不如说被思想所突袭。尼采厌恶制造思想。思想是制造不出来的。尼采的习惯是在旷野，在寂静的山谷，在海滨，在散步、跳跃、攀登、舞蹈之时，在脚下的路也好像在深思的地方思考。[2]福楼拜说，一个人只有坐下来才能思考和写作。尼采愤而驳斥："久坐是反对神圣精神的罪。只有散步得来的思想才有价值。"[3]哲学家深居学院，远离自然，必使哲学流于琐屑枝节，而与永恒大化隔绝不通。自然是诗人的摇篮，也是哲学家的襁褓。

散步之中，思想如风迎面扑来，妙手偶得，这就是灵感了。但灵感其实是得之于长期孕育之痛苦的，存在之奥义只向苦苦求索的眼睛偶尔袒露。"使人深深震撼战栗的某种东西，突然以一种不可言说的准确和精细变得可见可闻。人倾听，而并不寻求；人接受，而并不追问谁在给予；一种思想犹如电光突然闪亮，带着必然性，毫不犹豫地获得形式——根本不容选择。一种喜悦，其巨大的紧张有时通过泪水的汹涌而得

---

1 《快乐的科学》381。KSA，第3卷，第634页。
2 参看《快乐的科学》366。
3 《偶像的黄昏》：《格言与箭》34。KSA，第6卷，第64页。

舒缓……"[1]

被灵感的一闪光照亮的存在,若要见诸文字,却有不可克服的困难。尼采常常为此悲哀,一旦把捕获的思想用文字固定下来,它就死在文字上,如死鸟悬挂飘摇,令人难解捕获时何以那样快乐。难以表达的痛苦使尼采另辟蹊径,把象征引进了哲学。波德莱尔在诗坛开象征主义一代风气,尼采则是一位象征主义哲学家。整部《查拉图斯特拉如是说》就是一篇象征主义的哲理诗。其中还专门谈到了象征的含义:

这里万物爱抚地走向你的言谈,向你谄媚,因为它们想骑在你的背上驰骋。这里你骑在每种譬喻上驰向每种真理。

这里你可以诚实坦率地向万物说话;真的,在它们听来,这是怎样的赞美,倘若一个人直接与万物交谈!

这里一切存在的语言和语言宝库向我突然打开;这里一切存在都想变成语言,一切生成都想从我学习言谈。[2]

远离尘嚣,在孤寂中与万物交感,存在的秘密敞开

---

[1] 《看哪这人》:《朝霞》3。KSA,第6卷,第339页。
[2] 《查拉图斯特拉如是说》:《回家》。KSA,第4卷,第231—232页。

了。"一切都以最迅捷、最正确、最单纯的表达方式呈现自己。""万物好像自动前来,甘愿充当譬喻。"[1] 所以象征不是单纯的比喻,不是一种人为的表现手法。它首先是人与宇宙本体交融的境界,是从这境界中自然而然涌出的言谈。用作象征的某一观念或形象,不单指一事一物,而是使人思及无名无象、不落言诠的无限和永恒。哲学既是对无限和永恒的追问,也就不能不用象征手法。尼采哲学的许多范畴,如"强力意志""生命意志""酒神""日神""永恒轮回""超人",与其说是逻辑意义上的概念,不如说是诗学意义上的象征。因此,理解起来也就不能光靠分析的头脑,而必须靠直觉的领悟了。

尼采不但提倡哲学的思起于灵感,见诸象征,而且重视哲学著作的风格。"每种高贵的精神和趣味,若想传达自己,会选择其听者;在选择的同时,也就对'其他人'筑起了围栏。一种风格的所有精微规则都源于此:它们拒人千里,它们造成距离,它们禁止'进入'和理解——与此同时,它们打开了知音们的耳朵。"[2] 何谓风格?尼采说:"用符号以及这些符号的节拍传达一种状态,一种激情的内在紧张——这是每种风格的意义……一种风格若能真实地传达内在状态,不错用符号、符号的节拍以及表情(一切修辞都是表情的技巧),便是好的风格。"风格的前提是要有听者,有值得传达与之

---

1 《看哪这人》:《朝霞》3。KSA,第6卷,第340页。
2 《快乐的科学》381。KSA,第3卷,第634页。

的人。[1]

尼采对于自己的风格是极为自豪的。他称他的《查拉图斯特拉如是说》是绝无仅有的新颖的艺术形式,其韵律之优美、风格之宏伟、激情之惊涛起伏,均属独创。他说他和海涅是德国语言的最伟大的艺术家。他甚至自诩,在他之前人们不知道如何使用德国语言和一般语言。尼采的典型风格是格言和警句。在他的书里,你找不到长篇大论,更找不到体系巨构。他的著作或是格言和警句的汇编,或是妙语连珠的散文。使他得意的也就是这种格言和警句的风格:"格言和警句是'永恒'之形式,我在这方面是德国首屈一指的大师;我的虚荣心是:用十句话说出别人用一本书说出的东西——说出别人用一本书没有说出的东西……"[2] 格言的凝练表现出力,格言的精致表现出美,写格言的人必须有"最纤美的手指和最勇猛的拳头"[3]。"在山谷中,最短的路是从峰顶到峰顶:但你必须有长腿才能跨越。格言便如峰顶,它诉与高大伟岸的人。"[4] 在这个意义上,格言又如舞蹈,它跳跃、轻捷、自由,象征着一位自由思想家的精神。"我不知道,除了成为一个好舞蹈家,一个哲学家的精神还会希望成为什么。"[5] 风格如其

1　《看哪这人》:《我为何写出如此杰作》4。KSA,第6卷,第304页。
2　《偶像的黄昏》:《一个不合时宜者的漫游》51。KSA,第6卷,第153页。
3　《看哪这人》:《我为何写出如此杰作》3。KSA,第6卷,第302页。
4　《查拉图斯特拉如是说》:《读和写》。KSA,第4卷,第48页。
5　《快乐的科学》381。KSA,第3卷,第635页。

人，的确再也没有比格言更能表现尼采的精神风貌的形式了。人们也许不同意尼采把哲学诗化的主张，可是，一个人只要有鉴赏力，在读到尼采这些诗一般的哲学格言时，又怎么会不得到一种审美享受呢？

有人对尼采说："谁走你的路，必通向地狱！"尼采回答："好吧！我愿用好的格言为自己铺设通向地狱之路。"[1] 瞧，这又是尼采的风格……

1　诗稿。GA，第8卷，第379页。

跋：在尼采之后

现在我们要和尼采告别了。

"他走向何方？有谁知道？只知道他消失了。"[1] 他身后并没有留下一个以他的名字命名的学派，可是他的影响却渗透于现代西方许多哲学流派之中。重视人和人生意义问题，重视价值问题，重视个人对于价值的自由选择，几乎是现代思潮的共同特征。在和尼采告别之际，我们仅仅投一瞥于和尼采有直接精神联系的某些流派或哲学家，看看他们在尼采的方向上走了多远。

尼采提出的主要问题是：在传统价值全面崩溃的时代，人如何重新确立生活的意义？我们可以把他的答案归结为：一、解除理性和道德对于生命本能的压抑，使生命本能健康发展；二、发扬人的超越性，做精神文化价值的创造者；三、以审美的人生态度取代科学和伦理的人生态度。

当我们分别从这三个方面向前探寻时，我们在第一条路上发现了生命哲学家和弗洛伊德主义者，在第二条路上看见

---

1 诗稿。GA，第 8 卷，第 385 页。

了存在主义哲学家的活跃的身影，在第三条路上遇到了高举艺术革命旗帜的浪漫主义骑士马尔库塞。

尼采自己实际上就是生命哲学的创始人。在他之前，还有叔本华。在他之后，德国哲学家狄尔泰、西美尔、奥伊肯、克拉盖斯和法国哲学家柏格森均倡生命哲学。生命哲学把宇宙过程看作川流不息的生命（生命意志、强力意志、生命之流、生命力），并认为它是人的精神生活的真正源泉和基础。事实上，包括尼采在内，生命哲学家并非在生物学意义上使用生命概念，他们只是用这个概念给世界一个诗意的解释，从而相应地也给人的精神生活一个诗意的解释。他们所关心的是人的精神生活的独特性，反对把它混同于一般认识活动。以奔流不止的宇宙生命为源泉的人的精神生活，实质上是一种内在的活力、创造力，是无意识和非理性，是内在的绵延，是直觉，等等。

如果说生命哲学对于人的无意识和生命本能只是做了诗意的描述，那么，弗洛伊德倒试图对这一领域进行科学的剖析。当然，尼采本人对于无意识已有不少精辟的洞见，但毕竟是零星的。弗洛伊德的贡献在于，他在分析精神病症状、梦、日常生活中过失行为的基础上，揭示了无意识的形成机制和作用机制，从而把无意识研究建立为一门专门学科——精神分析学。当弗洛伊德运用精神分析学研究现代文明时，我们发现他把尼采的某些见解具体化了。例如，尼采曾经一再谈到生命患病、本能衰退，谈到文化领域的病理学问题，实际上他指的都是精神疾患。弗洛伊德为这些疾患确定了病名，分析了其成病机制。他指出，现代文明是建立在压抑本能的基础上的，压抑的结果是造成普遍的个人神经官能症和社会的"文化神经官能症"，宗教即属后者之列。他还谈到了"社会文化病理学"的问题。弗洛伊德强调，无论个人还是社会，保持健康的关键在于解除自我欺骗，认清无意识中本能的真实意义，加以合理引导。新弗洛伊德主义者弗罗姆进一步对社会的病态展开了研究。

存在主义者一般对于人的本能领域不感兴趣，他们更关心人的内心体验。他们尤其发展了尼采关于人的自由和超越性的论点。在萨特的著作中，你简直可以找到尼采思想的清晰而有力的复述，他同样把人性归结为自由，把自由归结为意愿和评价。不过，尼采尽管强调个人有评价的绝对自由，他毕竟还提出了他自己的价值尺度——强力意志。萨特却把价值的相对性推至极端，否认任何可供考虑的尺度。在超越性的问题上，存在主义者把超越的使命完全委诸每一个人自己，这与尼采除个人的超越之外还相信或希望着人类的超越（"超人"）相比，更主观化了。总的来说，在人的自由和超越性问题上，存在主义的主要进展在于，通过对人的存在结构的分析，从本体论上建立了人的自由和超越性命题，它也就是存在主义的基本命题——"存在先于本质"。

还应该一提的是，尼采已经重视情绪对人生的意义，例如把醉看作与原始存在的沟通，把孤独和险境看作人生体验至为深刻的场合。到了存在主义，情绪更加明确地获得了本体论意义。海德格尔就直截了当地认为情绪是基本的存在状态。当他分析人的存在结构时,"畏""烦"的情绪在此结构中起了关键的作用。萨特的"恶心",雅斯贝尔斯的"临界状态""沟通",也无不起了这样的作用。在存在主义者那里,人生的意义实际上被归结为内心的某种情绪体验,情绪成了实现自由和超越的唯一阵地。对比之下,尼采至少还重视创造高级文化这一可见形式的超越,似不如此偏颇。

存在主义者往往还秉承了叔本华、尼采的悲观主义气质。这在海德格尔身上尤为突出,死亡问题如此困扰着他,以致他对人的存在结构的分析把死亡当作了基本前提。萨特这位热情外向的哲学家也时时发出悲声,关于人生的荒谬、绝望,他真谈得不少,而最悲观的莫过于这一句话了:"人是一堆无用的热情。"在悲观主义的表现方式上,海德格尔更近于叔本华,而萨特更近于尼采。

海德格尔后期倾向于把艺术视为拯救力量,主张靠诗意的思揭示存在。这已经同尼采所提倡的审美的人生态度靠拢了。海德格尔的学生马尔库塞在这条路上走得更远。尽管马尔库塞引证得最多的是马克思和弗洛伊德,但是他的艺术本体论和艺术革命论的浪漫主义思想与尼采的精神更为接近。马尔库塞认为,艺术作为人的生命本能升华的最高形式,具有自动对抗并且超越现存社会关系的力量。它使人的生命本能自由发展,解放被理性所压抑的感性,通过创造一个虚构的然而比现实更真实的世界向现代文明挑战。尼采还只是在理论上谈到艺术的救世作用,马尔库塞则要求艺术直接走上政治舞台,由具有高度审美能力的知识分子组成一支艺术救世军,掀起一场艺术革命。在20世纪60年代的抵抗风暴中,他试图付诸现实,结果被证明是乌托邦。于是他又返诸自身,追求一种审美的内心状态。

走在尼采的方向上寻求着人生意义的西方思想家们,为什么他们的一切寻求最后都以内心为归宿呢?

朋友,让我们各自沉思着这个问题,暂时分手吧。

后记

中国人介绍和研究尼采，自王国维始，已经有八十余年的历史了。事实上，中国的进步思想界，对于尼采的思想，一开始就有着较为公允的评价。最显著的例子是鲁迅和茅盾。鲁迅在《文化偏至论》(1907)中赞扬尼采"深思遐瞩，见近世文明之伪与偏"，"尊个性而张精神"，以反对19世纪文明"惟客观之物质世界是趋"的通弊，可谓得尼采思想之精华。人们常说鲁迅后期与尼采思想彻底决裂，此见大可商榷，其实鲁迅对于尼采思想中的积极面始终是肯定的。茅盾在《尼采的学说》(1920)中着重分析了尼采的道德论和超人说，认为"多少含有几分真理"，"尼采的学说，诚然是驳杂不醇，有些地方很危险；然尼采仍不失为大哲人"。对尼采的评价较为冷静而客观，却不失其公正。在翻译方面，新中国成立前已有梵澄、高寒等人译出尼采的多种著作。遗憾的是，介绍和研究尼采的工作后来中断了很久。而且，迄今为止，我们还没有全面检讨尼采思想的有分量的学术著作。在新的历史条件下，以马克思主义观点实事求是地研究尼采思想，当是我们的责任。

本书不敢自命是一部严格的学术著作，它充其量不过是阅读尼采著作的札记和感想的汇集。由于长期以来全盘否定尼采的意见在我国学术界占据着支配地位，所以本书更多地论述尼采思想中的积极面，意在纠偏。尼采思想包含着复杂的矛盾，一部严格的学术著作理应作正反两面的分析和正本清源的探讨，这一工作只能留待来日了。

本书脱稿后曾请我的导师汝信同志过目，他认真阅读了全部稿子，并且在原稿上作了二十几条批语，提出了中肯的批评意见。他的意见包括三类：一是指出我对尼采的某些评价偏高、欠妥；二是指出若干事实上的出入；三是提出某些学术上的异议。根据他的意见，我对原稿作了一些修改。但是，由于时间仓促，所作修改不能尽如人意。深入研究和重新估价尼采思想是一件艰巨的工作，非一年半载所能完成。我愿在我的导师指导之下，详细占有材料，潜心研究，争取在这项严肃的工作中真正取得发言权。

最后我要提一句，本书是在我的朋友方鸣催促下写的，若没有他的一番热心，恐怕在很长时间内我还不会动笔。在这本书里也凝聚了他的心血。

周国平

1985 年 5 月

于中国社会科学院哲学研究所

（全书完）

尼采：在世纪的转折点上

作者_周国平

编辑_刘树东　　装帧设计_董歆昱　　主管_黄杨健
技术编辑_顾逸飞　　责任印制_梁拥军　　出品人_王誉

营销团队_毛婷　魏洋

果麦
www.goldmye.com

以 微 小 的 力 量 推 动 文 明

图书在版编目（CIP）数据

尼采：在世纪的转折点上 / 周国平著 . -- 昆明：云南人民出版社，2025.4. -- ISBN 978-7-222-23098-9

Ⅰ．B516.47

中国国家版本馆CIP数据核字第2025RU5264号

责任编辑：阳　帆
责任校对：刘　娟
责任印制：李寒东

尼采：在世纪的转折点上
NICAI: ZAI SHIJI DE ZHUANZHE DIAN SHANG

周国平　著

出　　版	云南人民出版社
发　　行	云南人民出版社
社　　址	昆明市环城西路609号
邮　　编	650034
网　　址	www.ynpph.com.cn
E-mail	ynrms@sina.com
开　　本	880mm×1230mm　1/32
印　　张	8.75
字　　数	175千字
版　　次	2025年4月第1版　2025年4月第1次印刷
印　　刷	河北鹏润印刷有限公司
书　　号	ISBN 978-7-222-23098-9
定　　价	69.80元

版权所有 侵权必究
如发现印装质量问题，影响阅读，请联系021-64386496调换。